Karsten Noack

Kreativ
techniken

Schöpferisches Potenzial entwickeln und nutzen

POCKET BUSINESS

Cornelsen

Der Autor

Dipl.Ing./Dipl.-Wirtschaftsing. Karsten Noack aus Berlin ist als selbstständiger Berater, Trainer und Coach mit Spezialisierung auf Kommunikation und Visionen aktiv (www.karstennoack. de). Dabei greift er auf umfangreiche eigene Praxiserfahrungen in der freien Wirtschaft und die zahlreichen Aus- und Weiterbildungen zurück, die er erfolgreich neu kombiniert.

Verlagsredaktion: Ralf Boden
Grafik und technische Umsetzung: Holger Stoldt, Düsseldorf
Umschlaggestaltung: Katrin Nehm
Titelfoto: © Haag + Kropp / mauritius images

Cornelsen online www.cornelsen-berufskompetenz.de

1. Auflage Druck 4 3 2 1 Jahr 08 07 06 05

Druck: Druckhaus Berlin-Mitte

ISBN 3-589-21956-4

Bestellnummer 219564

Gedruckt auf säurefreiem Papier, umweltschonend hergestellt aus chlorfrei gebleichten Faserstoffen.

Vorwort

In unserem Leben haben wir es regelmäßig mit Herausforderungen zu tun, für die kreative Lösungen hilfreich sind und für die wir diese auch finden und nutzen.
Gleichzeitig ist vielfach auch die Äußerung zu hören, dass jemand von sich behauptet nicht kreativ zu sein und man entweder kreativ sei oder nicht; schon gar nicht sei Kreativität unter Druck möglich.
Solchen Aussagen liegt die Überzeugung zugrunde, dass Kreativität angeboren oder zumindest nicht aktiv steuerbar ist.

Mögen die Anregungen, die Sie hier finden, Sie davon überzeugen, dass es durch systematisches Vorgehen sehr wohl möglich ist kreative Lösungen zu erreichen.
Die heutige Zeit verlangt zunehmend nach kreativen Innovationen und schnellen Lösungen für die verschiedensten Herausforderungen.
Sie werden sehen, wie Sie noch kreativer sein können, welcher Rahmen und welche Techniken es Ihnen besonders leicht machen Ihr schöpferisches Potenzial zu entwickeln und zu nutzen.
Trauen Sie sich ruhig auch an die anfangs vielleicht noch unkonventioneller klingenden Möglichkeiten. Gerade diese könnten Ihnen das bieten, was Ihren persönlichen kreativen Fluss kraftvoll strömen lässt.

Berlin, im Sommer 2005 *Karsten Noack*

Inhaltsverzeichnis

1 Das Phänomen 9

1.1 Definition von Kreativität 10

1.2 Kreativität bekommt zunehmend Konjunktur 15

1.3 Kreativität hat viele Ausprägungen 15

Magazinseite
Kreativität fördern und nicht behindern . 16

1.4 Kreative Menschen nehmen die Welt mit einer kreativen Einstellung wahr 20

1.5 Nutzen Sie die Potenziale beider Gehirnhälften! 22

1.6 Sagen Sie Denkblockaden den Kampf an . . . 24

Ursachen für Denkblockaden 24
Einen individuellen Anker für die Kreativität finden 25
Was tun, wenn Sie sich noch nicht bereit fühlen? . 25

1.7 Setzen Sie Ihre Kreativität frei! 29

1.8 Statt Probleme zu haben die Herausforderung erkennen 31

Auf den Punkt gebracht 32

2 Der kreative Prozess 33

2.1 Eine kreative Lösung ist immer Ergebnis eines spezifischen Prozesses 33

2.2 Nur überprüfbare Ziele können auch umgesetzt werden 35

Auf den Punkt gebracht 37

M agazinseite
Die geeignete Kreativitätstechnik für Ihren speziellen Zweck 38

3 Die kreativen Methoden 40

3.1 Brainstorming **41**
Brainstorming für Einzelpersonen 44
Anonymes Brainstorming 45
Didaktisches Brainstorming 46
Destruktiv-konstruktives Brainstorming 46
Imaginäres Brainstorming 47
3.2 Methode 6-3-5 .... **49**
3.3 Kollektives Notizbuch **52**
3.4 Karten-Methode **54**
3.5 Brainwriting Pool **55**
3.6 Clustering **56**
3.7 Mind Mapping **60**

M agazinseite
Mind Mapping: Entwickeln Sie eine kreative Gedankenlandkarte 62

3.8 Morphologische Matrix **66**
3.9 Morphologischer Kasten **68**
3.10 6-Hüte nutzen **69**
3.11 Umkehr-Methode **71**
3.12 Osborn-Methode **72**
3.13 Walt-Disney-Methode **74**
3.14 Visualisierung **79**
3.15 Bisoziation **80**

3.16 Reizworttechnik 82
3.17 Zukunftswerkstatt 83
3.18 Wunderfrage 85
3.19 Open Space 85
3.20 Kreative Rituale 91
3.21 Finden Sie Ihren eigenen Weg! 92
Auf den Punkt gebracht 93

4 Überzeugende Ideenpräsentation 94

4.1 Tageslicht- oder Overhead-Projektor 96
4.2 FlipChart 97
4.3 Whiteboard 99
4.4 Beamer 100
4.5 Pinnwand 101
Auf den Punkt gebracht 103

5 Kreativität im Unternehmen 104

5.1 Kreativität als Wettbewerbsfaktor 104
5.2 Anforderungen an Führungskräfte und Organisationen 105
5.3 Analyse der Ist-Situation 108
5.4 Betriebliches Vorschlagswesen 109
5.5 Qualitätszirkel 110
5.6 Wissensmanagement 112
Auf den Punkt gebracht 115

6 Kreativität unter Druck 116

7 Kreativität im stillen Kämmerlein 119

8 Wie geht es weiter? 121

Weiterführende Literatur: 124
Stichwortverzeichnis 125

1 Das Phänomen

Kreativität – was ist das eigentlich?

Auf die Frage was Kreativität sei, können Sie viele Meinungen hören. Manche halten Kreativität für etwas Geheimnisvolles, das Genies und Exzentrikern vorbehalten ist. Andere sind konstruktiver und behaupten, dass Kreativität eine wertvolle Fähigkeit ist, die man erlernen kann.

> Kreativität ist die Fähigkeit neue Ideen, Lösungen und Verbindungen zu finden und auch schon Vorhandenes auf eine neue Weise zu verwenden oder miteinander zu kombinieren. Kreativität erweitert damit die Wahlmöglichkeiten.

Kreativität ist überall zu finden und jeder Mensch ist von Geburt an in der Lage kreativ zu sein.
Bei meinen Seminarteilnehmern habe ich die Beobachtung gemacht, dass kreative Menschen offener, erfolgreicher, anerkannter und glücklicher sind.
Es existiert offenbar eine Verbindung zwischen bestimmten grundlegenden Einstellungen und Dispositionen kreativer Menschen und der Art und Weise, wie sie auf andere Menschen zugehen und neue Situationen flexibel meistern und als Herausforderung sehen.
In der heutigen Zeit wird vieles für „selbstverständlich" gehalten, das noch vor kurzer Zeit als unmöglich galt. Kreativität profitiert von der Faszination an Dingen und Verbindungen, die anderen Menschen vielleicht nicht aufgefallen wären.

Kreative Ergebnisse erfüllen drei Kriterien:

- Sie sind anders als das Gewohnte.
- Sie sind überraschend.
- Sie bieten einen Nutzen, den andere auch erkennen bzw. anerkennen.

Jeder Mensch besitzt kreatives Potenzial, also die Möglichkeit, schöpferisch zu handeln. Ob und wie dieses Potenzial genutzt wird ist sehr unterschiedlich. Eine interessierte, neugierige Grundhaltung ist hilfreich, um dieses Potenzial zu entwickeln.

1.1 Definition von Kreativität

Das Wort Kreativität stammt von dem lateinischen *„creatio"* ab und bedeutet *„Schöpfung"*. Kreativität ist also das Schöpferische, die Schöpfungskraft, die schöpferische Kraft.
In Meyers Taschenlexikon ist folgende Definition zu finden: *„Kreativität (aus dem Lateinischen) ist die Fähigkeit, produktiv zu denken und die Ergebnisse dieses Denkens, vor allem originell neue Verarbeitung existierender Informationen, zu konkretisieren (etwa in Form einer Erfindung oder eines Kunstwerkes)."* Der Sitz der Kreativität ist das Gehirn.

Das Gehirn

Mit seinen vielen Milliarden Nervenzellen (Neuronen) wiegt das menschliche Gehirn ca. 1,5 kg. Zu den bewundernswerten Leistungen des Gehirns gehören besondere geistige Fähigkeiten wie rationales oder emotionales Handeln, Verhaltenssteuerung, abstraktes Denken und Lernfähigkeit. Um dies leisten zu können, besteht es aus verschiedenen Arealen mit unterschiedlichen Spezialisierungen. Funktional können die Bereiche wie folgt unterteilt werden:

- Das primitive Gehirn bzw. Stammhirn
  Das Stammhirn ist zuständig für die Selbsterhaltung.
- Das Zwischenhirn bzw. limbische System
  Das limbische System besteht aus verschiedenen Gehirnteilen (Teilen des Großhirns, Mittel- und Zwischenhirns)

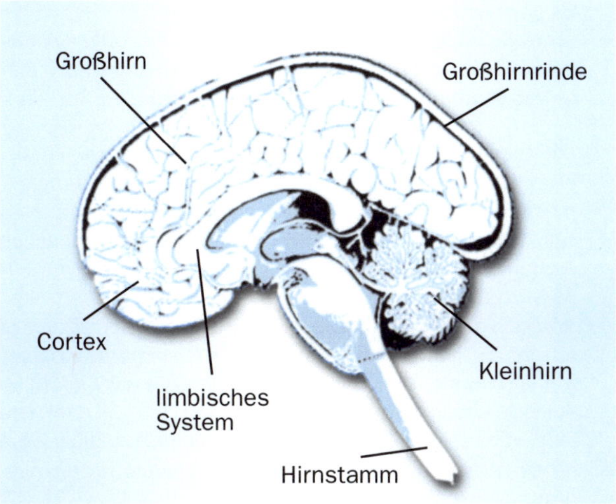

Unser Gehirn besteht aus verschiedenen Arealen
mit unterschiedlichen Spezialisierungen

die zusammenarbeiten. Es bestimmt die Emotionen, reguliert die Antriebe zur Wiederholung lustvoller und zur Vermeidung von Unlust erregenden Handlungen.

- Das rationale Gehirn bzw. der Cortex

  Hier hat das so genannte bewusste intellektuelle Denken seinen Sitz.
  Unser heutiges Gehirn hat sich seit ungefähr 4.000 aufeinander folgenden Generationen in genetischer Hinsicht nicht wesentlich verändert. Zu seinen besonderen Eigenschaften gehört die Fähigkeit, zeitlebens die „Verschaltungen" (dieser Begriff verdeutlicht die physische Komponente) neu gestalten zu können. So lassen sich selbst eingefahrene Denk- und Verhaltensweisen, Überzeugungen und Gefühlsstrukturen verändern und neue schaffen.

Es ist zwar richtig, dass die wesentlichen Verschaltungen im frühen Kindesalter, während der Entwicklung des Gehirns erfolgen und uns maßgeblich prägen, doch auch diese Verschaltungen können lebenslang verändert werden.

Die Funktion und die Eigenart des Gehirns werden dabei besonders von der Art und Weise seiner Verwendung geprägt. Wird es auf eine neue Weise eingesetzt, verändert es sich. Deshalb ist es so wichtig, sich von Zeit zu Zeit neuen Aufgaben zu stellen, da so das Gehirn fit gehalten und seine Komplexität gesteigert wird.
Wer sich mit neuen Themen beschäftigt, sorgt dafür, dass in in seinem Gehirn neue Vernetzungen (Synapsen) geschaffen und vermehrt werden. Umgekehrt baut das Gehirn ab dem 25. Lebensjahr bei Unterforderung stetig ab. Um dem entgegenzuwirken, gibt es heute für jeden Geschmack ein breites Angebot von Trainingsmöglichkeiten für das Gehirn.

Futter für kreative Prozesse im Gehirn

An kreativen Prozessen ist eine Vielzahl von chemischen Stoffen beteiligt, elektrische Impulse rasen durch die Nervenbahnen. Damit dies im vollen Umfang möglich ist, braucht der Körper entsprechende Stoffe, die aus der Nahrung gewonnen werden. Neben einigen Proteinen ist vor allem eine ausreichende Wasseraufnahme sehr wichtig. Wie zahlreiche Berichte belegen, fördert eine gute Ernährung kreative Prozesse und damit unsere Denkleistung.

Stress bremst Kreativität

Unter Stress werden Hormone ausgeschüttet (Adrenalin und Noradrenalin). Da sie Gegenspieler der für die Informationsübermittlung zuständigen Transmitter sind, werden mit ansteigendem Stress bzw. dem entsprechenden Hormonanstieg immer häufiger Impulse nicht mehr weitergeleitet. Die Informationen erreichen nicht mehr ihren Bestimmungsort. Denk-

blockaden, Sinnesstörungen und Gedächtnislücken sind die Folge.
In diesem Zustand sind die kreativen Möglichkeiten sehr reduziert, weshalb die Auflösung hinderlicher und die Wahl förderlicher emotionaler Zustände von großer Bedeutung für kreative Prozesse sind.

Alles verdreht? – Linke und rechte Gehirnhälfte

Der Ursprung von Kreativität ist oft dort zu finden wo Gegensätze aufeinander treffen, sodass Neues entstehen kann.
Ein Blick auf das zerfurchte Bild eines menschlichen Gehirns zeigt die Teilung in zwei Hemisphären. Diese Bereiche sind über den so genannten Corpus Callosum mittels über Kreuz geführter Nervenbahnen miteinander verbunden. So steuert die linke Hemisphäre die rechte Körperhälfte und anders herum.

Die zwei Gehirnhälften haben Studien zufolge auch sonst unterschiedliche Aufgaben und Fähigkeiten.

- Die linke Seite ist unter anderem für die rationale Aufgabenbewältigung zuständig. Ihr werden lineare logische Fähigkeiten, Zahlen, Sprache, Fakten, Detailorientierung, Struktur zugeordnet. Sie hat außerdem auch verbale, analytische, digitale, bewertende Tendenzen und erfreut sich an Ordnung.
- Die rechte Seite hingegen ist spezialisiert auf die Phantasie, Gefühle, Rhythmus, räumliches Vorstellungsvermögen, sie gilt als spontan, künstlerisch, kreativ, visuell, denkt in Symbolen, ist verspielt und erfreut sich auch am Chaos.

Es hat sich für viele Aufgaben als sehr hilfreich erwiesen beide Gehirnhälften zu aktivieren, um von den Möglichkeiten beider Hemisphären zu profitieren.

Wenn Sie bei sich eine dominierende Gehirnhälfte vermuten, ist es gut, Ihre Möglichkeiten dadurch zu erweitern, indem Sie die Balance beider Seiten wieder herstellen. Nur wenn beide

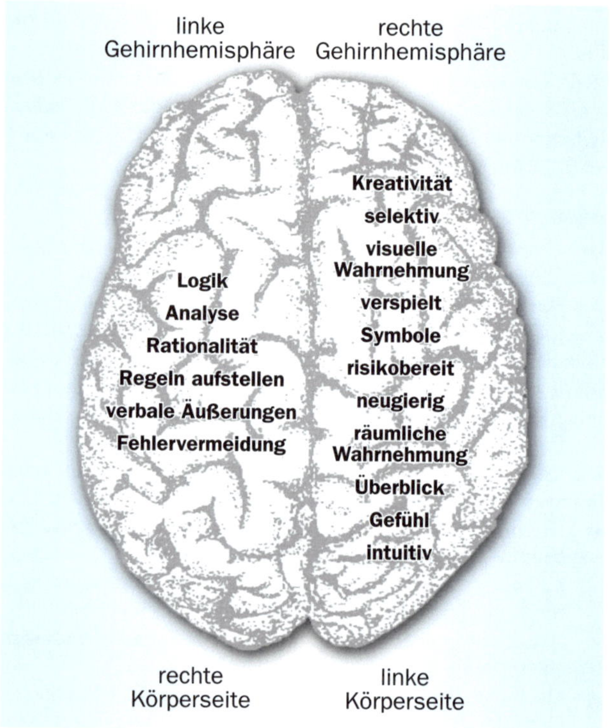

Die linke Gehirnhemisphäre steuert die rechte Körperhälfte und anders herum

Gehirnhälften gut ausbalanciert sind, stehen gleichzeitig die Spezialisierungen beider Seiten zur Verfügung.
Auch wenn diese strikte Unterscheidung in rechte und linke Hemisphäre durch weitere Studien etwas relativiert wurde und deshalb nicht als absolut betrachtet werden sollte, gibt sie doch Anregungen, um vorhandene Möglichkeiten besser zu nutzen und Fähigkeiten zu aktivieren (Hinweise dazu im Kapitel 1.5).

1.2 Kreativität bekommt zunehmend Konjunktur

Sowohl im privaten Alltag als auch im Beruf steigen die Anforderungen und der Bedarf an wirkungsvollen Strategien wächst, um ständig neuen Herausforderungen begegnen zu können. Immer komplexere Aufgabenstellungen wollen gelöst werden und Kreativität ist gefragt.

Der massive Wettbewerb und die Schnelllebigkeit unserer Zeit verlangen nach rasch verfügbaren Lösungen.

Oft ist der Spruch zu hören *„Nicht die Großen fressen die Kleinen, sondern die Schnellen die Langsamen."* Ob das so absolut gesehen werden kann ist ein anderes Thema, doch ist vor dem Hintergrund ähnlicher Ressourcen und vergleichbaren Marktzugangs oft die Geschwindigkeit das Zünglein an der Waage.

Selbst etablierte Unternehmen können sich heute kaum auf dem Erreichten ausruhen, sondern sind in einem ständigen Entwicklungsprozess (siehe auch Kap. 5).

Die Innovationsfähigkeit hat als zentraler Wettbewerbsfaktor besondere Bedeutung. Dabei gilt es Kosten zu senken, Nutzen zu erhöhen und neue Produkte zu entwickeln. Hierzu ist Kreativität notwendig. Die entsprechende Förderung der Mitarbeiter ist für Unternehmen eine lohnenswerte Investition und der Mitarbeiter kann seine Bedeutung für das Unternehmen zweifach steigern: Ein für das Unternehmen kreativer Mitarbeiter erhöht seinen Marktwert und sichert seinen Arbeitsplatz.

1.3 Kreativität hat viele Ausprägungen

Eine Unterscheidung in praktische und künstlerische Kreativität ist oft zu finden.

Dabei wird bei der praktischen Kreativität die Fähigkeit gesehen, auch unübliche Lösungen oder Lösungswege für herausfordernde Probleme des Alltags zu finden. Von künstlerischer Kreativität wird gesprochen, wenn außergewöhnliche Ausdrucksformen als treffend empfunden werden.

Kreativität hat somit sehr viele Formen und jeder Mensch hat seine eigene Vorstellung davon.

Kreativität fördern und nicht behindern!

Vom Umgang mit Blockaden

Kreativität profitiert von einigen Faktoren und Rahmenbedingungen, die es zu schaffen gilt.

Auf der anderen Seite sind oft hinderliche Faktoren zu beobachten, die den Kreativitätsprozess schon von vornherein abwürgen bzw. bremsen.

Blockierende Überzeugung:	Förderliche Anregung:
„Ich kann ja doch nichts daran ändern."	Wie wollen Sie das wirklich wissen, bevor Sie es angepackt haben?
„Ich habe beim besten Willen keine Zeit dafür, kreativ zu sein."	Liegt es wirklich an der Zeit, die Sie zur Verfügung haben? Bedenken Sie, wie viel Zeit es Ihnen einsparen würde bzw. welchen Nutzen Sie realisieren könnten, wenn Sie eine wirklich kreative Lösung finden würden.
„Es ist so, wie es ist, gut genug und kaum besser zu machen."	Entwicklung braucht Bewegung. Hinterfragen Sie ruhig auch Bewährtes und nutzen Sie neue Perspektiven. Verlassen Sie ausgetretene Pfade und entdecken Sie so Neues.

So gibt es viele hinderliche Überzeugungen, die Denkblockaden erzeugen. Manche davon können leicht zu sich selbst erfüllenden Prophezeiungen werden.

Hier einige hinderliche Überzeugungen, die ein Coach in der Praxis oft hört und darauf geäußerte Anregungen:

„Ich bin nun einmal nicht kreativ!"

(Dies ist gewissermaßen **das** Killerargument für jegliche Kreativität.)

So oder so, Ihr Unbewusstes will, dass Sie Recht behalten. Halten Sie Ihre Überzeugung, nicht kreativ zu sein, im Hinblick darauf für förderlich?

Angesichts hartnäckiger Glaubenssätze haben sich Methoden der energetischen Psychologie bewährt, die diese innerhalb einer Sitzung auflösen können.

Um die eigene Kreativität überhaupt zu erlauben und zuzulassen ist es wichtig, die eigenen Fähigkeiten zu kennen und darauf zu vertrauen.

In Kapitel 1.6 finden Sie unter „Inventur und Auflösung" entsprechende Hinweise.

Wenn Sie jede Ihrer Ideen sofort mit Albert Einsteins Relativitätstheorie vergleichen, ist dies vielleicht nicht der förderlichste Vergleich.

„Als Kind hatte ich Phantasie und war kreativ, aber heute nicht mehr."	Aktivieren Sie Erlebnisse und Fähigkeiten aus dieser Zeit Ihres Lebens, die garantiert noch in Ihnen stecken und darauf warten, wieder zum Einsatz zu kommen.
„Die Aufgabe ist zu groß! Das gelingt mir nie!"	Mitunter wird es hilfreicher sein, wenn Sie Ihr Ziel in kleinere Teilziele aufteilen. Eine entsprechende Scherzfrage lautet: *„Wie isst man einen Elefanten?"* Und die Antwort: *„Bissen für Bissen!"* So entwickeln Sie ein besseres Gespür dafür, dass Sie auf Ihrem Weg vorankommen und dies wird Sie vor allem bei größeren Aufgaben motivieren voranzuschreiten.
„Wenn es eine bessere Lösung geben würde, hätte sie schon jemand gefunden!"	Sehr oft denken auch andere so und deshalb bleiben gute Ideen in der Schublade.
„Am Ende wird es ja doch nicht umgesetzt!"	Wenn Sie von Ihrer Idee überzeugt sind, tun Sie etwas dafür, dass auch andere Menschen sich dafür begeistern. Kapitel 4 zum Thema „Überzeugen und Präsentation" gibt Ihnen einige Anregungen hierzu.

Machen Sie doch einmal eine Inventur und sammeln Sie alle blockierenden Überzeugungen schriftlich. Einige relativieren und lösen sich schon allein dadurch auf, dass Sie diese von innen nach außen holen, also sich ihrer bewusst werden.

Bestimmte Einstellungen bzw. Zustände sind besonders förderlich, um Kreativität zu fördern.

Hilfreiche Einstellungen und Anregungen für kreative Prozesse:

- Respekt und Wertschätzung für jeden Teilnehmer am kreativen Prozess.
- Die eigenen Beiträge sind Angebote, die als solche eingebracht werden.
- Jeder Beteiligte hat seine individuelle Bedeutung im Prozess.
- Nutzen Sie in der kreativen Phase eine offene und würdigende Sichtweise ohne jegliche Wertung.
- Fokussieren Sie sich auf die für Sie erkennbaren positiven Elemente in den angebotenen Ideen aller Beteiligten, um diese aus anderen Perspektiven heraus zu betrachten und so konstruktiv weiterzudenken.
- Intuitive Impulse bringen den Prozess voran, weshalb gerade auch ungewöhnliche Gedanken notwendig und wertvoll sind. Achten Sie auf etwaige Widerstände in sich und überlegen Sie sich, wie es am leichtesten für Sie ist, ausgetretene Pfade zu verlassen und neue Perspektiven anzunehmen.
- Ersetzen Sie den Zwang, nur fertige und gute Ideen finden und äußern zu müssen, durch eine gute Portion Spontaneität und den freien Fluss der Gedanken.
- Alle Beiträge werden möglichst kurz präsentiert, um den Fluss zu erleichtern.
- Eine einfache, verständliche und auf die Sinne bezogene Präsentation macht es allen Beteiligten leichter, zu folgen.
- Alle Sinne haben ihre Bedeutung, erlauben Sie sich dabei ruhig zu halluzinieren oder zumindest zu visualisieren, aktivieren und nutzen Sie Ihre Vorstellungskraft.
- Humor und Verspieltheit sind sehr förderlich.

1.4 Kreative Menschen nehmen die Welt mit einer kreativen Einstellung wahr

Kreativität ist immer auch eine Frage der Einstellung. Wir nehmen Realität niemals unvoreingenommen und „objektiv“ wahr, sondern immer geprägt durch den Filter unserer subjektiven Wahrnehmung.
Pro Sekunde werden Menschen aus externen und internen Quellen mit bis zu 9.000.000 Bit Informationen überschwemmt (Bit = **b**inary dig**it**, englisch für Binärziffer; 1 Bit entspricht der kleinsten Informationseinheit). Und wir haben dann die Qual der Wahl – bzw. je nach Sichtweise auch die Freude – aus diesem Überfluss auszuwählen, welche Informationen wir in welcher Weise berücksichtigen wollen. In guten Momenten können wir immerhin 160 Bit/Sekunde aufnehmen. Meist sind es aber deutlich weniger.

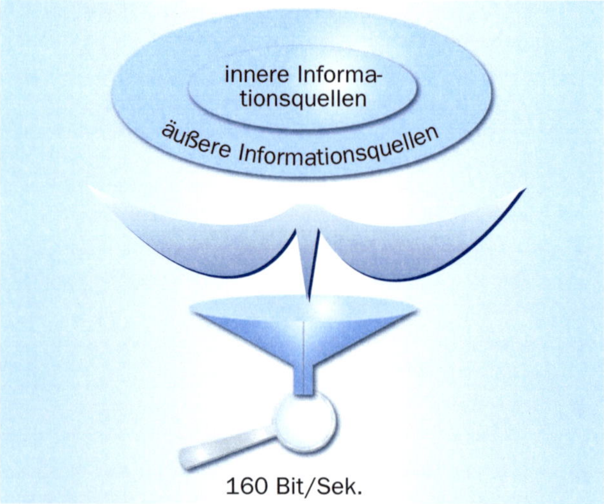

9.000.000 Bit an Informationen pro Sekunde werden durch den Trichter unserer Wahrnehmung auf 160 Bit herunter gefiltert

Soweit zu den Begriffen „Wirklichkeit“ und „Realität“: Ihre persönlichen Filter entscheiden darüber, welche Informationen aus der Informationsflut ausgewählt werden.
Auf welche Parameter sind Ihre Filter eingestellt? Es lohnt sich diese Frage zu beantworten, da die Antwort weit reichende Auswirkungen auf viele Bereiche hat. Auch insofern haben Sie die Wahlfreiheit.

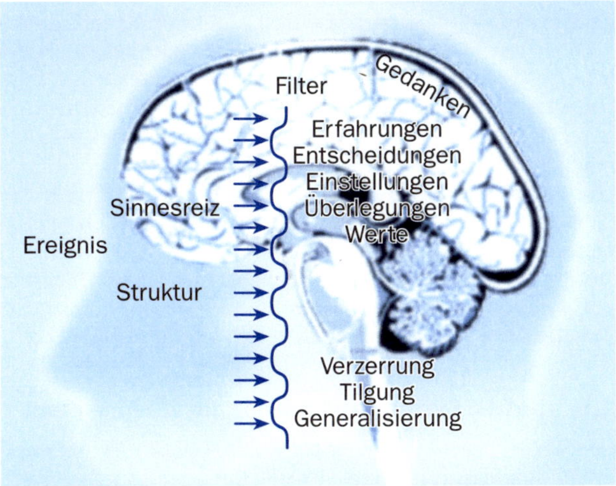

Unsere Filter entscheiden darüber, was wir wie wahrnehmen

Unsere Wahrnehmungsfilter nehmen Einfluss auf unser gesamtes Leben. Es verhält sich beispielsweise so, dass in Ihrem Unterbewusstsein für all jene Themen vorzugsweise Filtereinstellungen vorgenommen werden, die für Sie eine ganz bestimmte Bedeutung haben.
Wollen Sie, dass Ihre Filter darauf eingestellt sind, dass Beweise und Bestätigungen dafür gefunden werden, dass Sie etwas ganz Bestimmtes nicht können oder dass Sie etwas sehr gut können – Sie zum Beispiel kreativ oder nicht kreativ sind? Ih-

re Filter bestimmen darüber, welche diesbezüglichen Informationen Sie vorzugsweise aus der Vielzahl der Rückmeldungen herausfiltern. Üblicherweise verstärken Filter die Überzeugung, die Ihnen zugrunde liegt.

> Wie auch immer Ihre innere Überzeugung lautet, ob *„Ich bin nicht kreativ"* oder *„Ich bin kreativ"*, Sie werden mit hoher Wahrscheinlichkeit Recht behalten.

Zudem sammelt und speichert Ihr Unterbewusstes alle Informationen zu Themen, die Sie interessieren oder besonders berühren. Kreative Prozesse finden somit auch unbewusst statt, ohne dass Sie sich darum bewusst kümmern müssten. Sie sollten lediglich wissen, welchen Impuls Sie sich geben müssen, um sich in eine entsprechende Ausgangsdisposition zu bringen, um bestimmte Informationen, Eindrücke und Ergebnisse aufzunehmen (Methoden und Trechniken, dies leisten zu können, erfahren Sie in Kapitel 3).
Bewusste und unbewusste Fähigkeiten ergänzen sich hier sehr gut und durch die Impulse, die Sie sich geben, können Sie mittelbar den Fundus beeinflussen, aus dem Sie schöpfen.

1.5 Nutzen Sie die Potenziale beider Gehirnhälften!

So wie über unsere Wahrnehmungsfilter Außen- und Innenwelt in ein möglichst produktives Verhältnis zueinander gebracht werden sollten, können Sie von den Möglichkeiten beider Hirnhemisphären profitieren (siehe Kapitel 1.1). In der Regel dominiert eine Hirnhälfte die andere. Mit der folgenden Technik lässt sich die Balance zwischen beiden Seiten wieder herstellen.

Liegende Acht

Mit möglichst schulterbreit aufgestellten Füßen stellen Sie sich aufrecht hin. Halten Sie den Kopf gerade und folgen Sie mit den Augen einige Male einer imaginierten oder einer gro-

ßen skizzierten liegenden Acht. Beenden Sie den letzten Durchgang mit der Aufwärtsbewegung.
Alternativ können Sie mit ausgestrecktem Arm in ruhigen und fließenden Bewegungen eine große liegende Acht mit dem aufgerichteten Daumen zeichnen. Folgen Sie mit dem Blick dem Daumen während Sie ihren Nacken entspannt und ruhig halten, also mit dem Kopf nur ganz leicht die Bewegung begleiten.

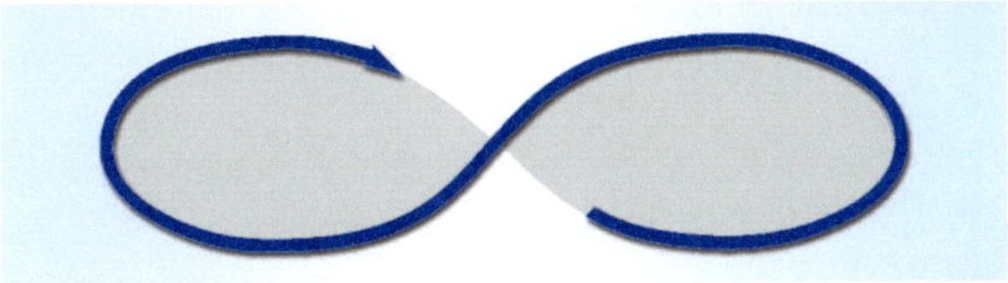

Die liegende Acht integriert die beiden Hirnhemisphären

Diese Bewegung kann Ihre Gehirnhälften und damit die zur Verfügung stehenden Möglichkeiten ausbalancieren und aktivieren. Die Begründung dafür ist, dass das linke Sehfeld von der rechten Gehirnhälfte und das rechte von der linken Gehirnhälfte gesteuert werden. Für den mittleren Bereich des Sichtfeldes sind beide Gehirnhälften erforderlich. Durch die entsprechenden Augenbewegungen werden somit beide Gehirnhälften aktiviert und wird deren Zusammenarbeit gefördert.
Achten Sie dabei auf sich und beobachten Sie, wie es Ihnen bei dieser Übung geht.

Gehirnintegration

Sie breiten ihre Arme soweit aus wie es Ihnen angenehm ist und beginnen ruhig und tief zu atmen. Während Sie nun mit offenen oder geschlossenen Augen visualisieren, wie Sie Ihre beiden Hemisphären, also die Möglichkeiten der linken und die Möglichkeiten der rechten Hirnhälfte langsam zusammenbringen, führen Sie mit entsprechender Geschwindigkeit Ihre

Hände vor dem Körper zusammen. Wenn sich Ihre Finger vor dem Körper ineinander verschränken, stellen Sie sich vor, dass auch die Hemisphären zusammengefunden haben. Halten Sie diese Verbindung nun für einige besonders aufmerksame Atemzüge und genießen Sie das.

Tipp zur Förderung der nicht dominanten Gehirnseite

Wenn Sie ganz allgemein Ihre Denkmöglichkeiten erweitern wollen, unternehmen Sie Dinge, die Sie sonst nicht so häufig oder niemals tun und fördern Sie so die Fähigkeiten der bisher nicht dominanten Gehirnseite.

Das können körperliche und auch geistige Aktivitäten sein: *Wenn Sie z.B. gewohnt sind, aus einer sitzenden Position mit dem linken Bein zuerst aufzustehen, nehmen Sie bewusst einmal das rechte Bein. Wenn Sie eher ein rationaler Typ sind, versuchen Sie einmal, zukünftige Handlungen weniger an Fakten auszurichten, sondern sich detailliert Situationen und Befindlichkeiten vorzustellen, die Sie mit Ihrer Handlung erreichen wollen.*

Machen Sie sich am besten gleich eine Liste von Aktivitäten, um Ihr Gehirn beidseitig zu trainieren. Es wird Ihnen besonders leicht fallen, wenn Sie sich vor Augen halten, wo dies für Sie konkret von Nutzen sein wird.

1.6 Sagen Sie Denkblockaden den Kampf an

Mitunter kommt einfach kein kreativer Prozess in Gang und dann gilt es Denkblockaden, Stress, Ängste, fehlendem Antrieb und anderen Ursachen wirkungsvoll zu begegnen.

Ursachen für Denkblockaden

Zu den Ursachen von Denkblockaden gehören vor allem der Erwartungsdruck und die nicht ausreichend zur Verfügung stehende Zeit (siehe auch Kap. 6). Wenn Sie sich in diese Sichtweise fallen lassen, versiegt der freie Fluss der Kreativität.

Einen individuellen Anker für die Kreativität finden

Kreative Menschen zeichnen sich dadurch aus, dass sie den Zugang zu den inneren Zuständen, aus denen sie ihr Kreativpotenzial ziehen, aktiv herstellen und nutzen können.
Denken Sie an einen Moment, in dem Sie kreativ waren. Erinnern Sie sich daran, was genau Sie da gesehen haben, was Sie dort gehört haben bzw. was diesen Moment, an den Sie denken, im Hinblick auf Kreativität gefördert hat.
Wie fühlt es sich an in einem solchen Moment der Kreativität, welche Körperhaltung, welcher Gesichtsausdruck entspricht dem? Manche Menschen können sich sogar den dazugehörigen Geruch und Geschmack vorstellen.
Schließen Sie Daumen und Zeigefinger der nicht dominanten Hand (Rechtshänder nehmen also die linke Hand), wenn Sie diesen Moment besonders intensiv wahrnehmen können.
Wenn Sie nun zukünftig in eine kreative Phase eintreten wollen, können Sie diese Erinnerung wieder aktivieren, indem Sie Daumen und Zeigefinger wie beschrieben zusammenbringen.
Mit etwas Übung und der inneren Erlaubnis die Intensität zu steigern, verfügen Sie damit gewissermaßen über einen „Schalter" für die damit verbundenen Ressourcen.
Dieses Abspeichern bzw. Verknüpfen von inneren Dispositionen mit äußeren Handlungen nennt sich Ankern und stammt aus dem Instrumentarium des NLP (Neurolinguistisches Programmieren), das hierzu für Interessierte weitere Techniken anbietet.

Was tun, wenn Sie sich noch nicht bereit fühlen?

Aktivieren

Eine bewährte Möglichkeit seine Kreativität „anzukurbeln", ist das Klopfen der so genannten Thymusdrüse. Hierdurch werden die Lebensenergien aktiviert.

Klopfen Sie mit den Fingern der rechten Hand leicht entgegen dem Uhrzeigersinn in einem kleinen Kreis um die Mitte der Thymusdrüse herum.
Wie die Skizze zeigt, liegt die Thymusdrüse in der Mitte der Brust hinter dem oberen Brustbein.

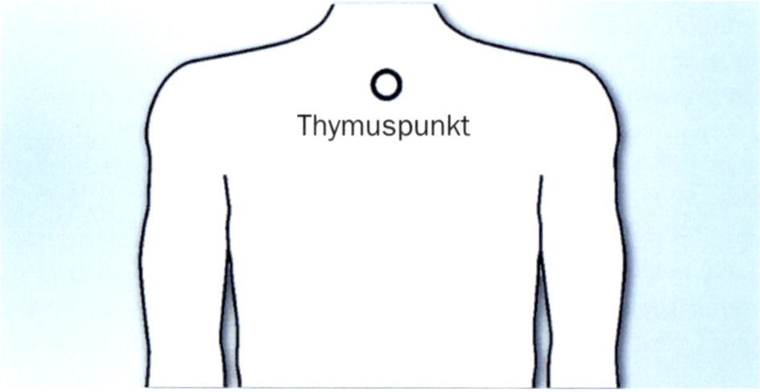

Das Klopfen auf den Thymuspunkt aktiviert die Lebensenergien

Bauchatmen

Platzieren Sie Ihre Hände auf dem Bauch, während Sie ganz besonders sanft und tief mit einer Zwerchfellatmung ein- und ausatmen. Während die Lungen sich so weit wie möglich füllen und leeren, genießen Sie diesen Rhythmus und nehmen Sie wahr, wie Sie diese Bewegung Ihres Bauches unter Ihren Händen spüren können.
Wenn Sie dies vier- bis sechsmal getan haben, ist Ihr Körper und damit auch das Gehirn besonders gut mit Sauerstoff versorgt, Stress hat sich aufgelöst. Hierdurch werden das Energieniveau und die Einsatzbereitschaft gesteigert.

Balance

Hinter dem Ohr gibt es eine Vertiefung unter dem Schädelrand. Platzieren Sie zwei oder drei Finger einer Hand in diese Vertiefung. Die andere Hand legen Sie auf den Bauchnabel, während Sie für eine Minute auf angenehme Art und Weise tief

ein- und ausatmen. Anschließend wechseln Sie die Hände und machen das Gleiche nochmals.
Diese Übung fördert die Aktivierung der eigenen Fähigkeiten und macht die Aufmerksamkeit frei für das was folgt.

Aufladen

Diese Übung ist besonders gut für den Arbeitsplatz am Schreibtisch geeignet, denn Sie benötigen dazu einen Tisch und einen Stuhl.
Legen Sie die Hände vor sich auf den Tisch. Wählen Sie Ihren Sitz so, dass Sie bequem die Stirn zwischen Ihren Händen auf dem Tisch ablegen können. Lassen Sie sanft sämtliche Luft aus Ihren Lungen, während Sie ausatmen. Während Sie einatmen, richten Sie langsam und nacheinander den Kopf, dann den Nacken und dann den Rücken auf. Ihr Bauch und die Arme bleiben dabei möglichst entspannt. Während Sie erneut ausatmen, lassen Sie zuerst Ihr Kinn zur Brust sinken und dann ihren Kopf, bis er sanft auf dem Tisch abgelegt ist. Lassen Sie Ihren Kopf dort und erlauben Sie sich mit jedem tiefen Ausatmen etwas mehr loszulassen und zu entspannen. Lassen Sie für einige Zyklen den Kopf ruhen, bis Sie erneut die Übung durchführen. Machen Sie am besten insgesamt ca. 5 Durchgänge. Anschließend sind Sie gut vorbereitet für kreative Aktivitäten.

Inventur und Auflösung

Teilen Sie mit einem Strich ein Blatt Papier in der Mitte und notieren Sie auf der rechten Seite alles, was Ihnen nach Ihrer Meinung im Wege stehen könnte, um Ihre Kreativität zu entfalten. Lassen Sie sich dazu 10 Minuten Zeit.
Danach halten Sie auf der linken Seite fest, was Ihnen als Möglichkeit einfällt, um das jeweilige Hindernis aufzulösen bzw. damit umzugehen.
Nehmen Sie Ihre „Kreativitätsinventur“ sogleich vor, damit Sie Ihre Überlegungen stets zur Hand zu haben, wenn es hilfreich ist darauf zurückzugreifen:

Kreativitätshindernde und -fördernde Faktoren	
Im Wege könnte mir stehen	Möglichkeiten der (Auf-)Lösung
…	…
…	…
…	…

Dann notieren Sie sich, welche Situationen Sie in der Vergangenheit mit Kreativität gemeistert haben und welche Fähigkeiten Sie dabei eingesetzt haben.

Mit Kreativität gemeisterte Situationen	
Situation	Eingesetzte Fähigkeit
…	…
…	…
…	…
…	…

Machen Sie sich bewusst, wo und wann Sie von Kreativität profitieren können und notieren Sie sich die Gedanken:

Wo und wann kann ich von Kreativität profitieren?	
…	…
…	…
…	…
…	…

Diese ganz konkreten Notizen werden Ihnen dabei nützlich sein Ihr Ziel im Auge zu behalten.

1.7 Setzen Sie Ihre Kreativität frei!

Schaffen Sie eine förderliche Atmosphäre

Förderlich ist eine Umgebung, in der Sie sich wohl fühlen. Schaffen Sie sich diese Umgebung, indem Sie Ihren Arbeitsplatz nach Ihren Vorstellungen gestalten. Nutzen Sie dabei Ihre Lieblingsfarben, wenn möglich lassen Sie Ihre Lieblingsmusik dabei laufen. Erzeugen Sie eine gute Atmosphäre, um dadurch einen förderlichen Rahmen zu schaffen.

Nehmen Sie einen anderen „Stand-Punkt“ ein

Der menschliche Körper ist nicht dafür vorgesehen ständig zu sitzen. Es gibt daher viele Stimmen die meinen, wir würden durch eine andauernde sitzende Haltung innere Ressourcen blockieren.

Wenn es also darum geht, die Sichtweise zu verändern und dadurch andere Perspektiven zu nutzen, stehen Sie auf und nehmen so buchstäblich in Ihrem Arbeitsraum einen anderen „Stand-Punkt“ ein, gehen Sie in einen anderen Raum oder nach draußen und erlauben sich Bewegung und unterstützen den inneren Perspektivwechsel durch eine Ortsveränderung.

Trainieren Sie alle Ihre Sinne

Wir verfügen als Menschen über 5 Sinne: Sehen, Hören, Fühlen, Riechen, Schmecken. Menschen bevorzugen diese Sinne in unterschiedlicher Weise. So nehmen Menschen über bevorzugte Sinneskanäle wahr und werden ihre Angebote auf die von ihnen bevorzugte Weise präsentieren.

Ob und wie diese ankommen, hängt dann von den Vorlieben der Empfänger ab. So gibt es Menschen, die Informationen vorwiegend mit den Augen (visuell Orientierte) und jene, die vorwiegend mit den Ohren aufnehmen (auditiv Orientierte). Andere Menschen müssen etwas berühren und fühlen (kinestäthisch Orientierte), andere sind mit der Nase dabei (olfakto-

risch Orientierte) oder bevorzugen den Geschmackssinn (gustatorisch Orientierte).
Um Ihre Möglichkeiten zu erweitern lohnt es sich, wenn Sie auch Ihre weniger ausgeprägten Sinne trainieren. Setzen Sie alle Ihre Sinne ein und bieten Sie möglichst für alle Sinne etwas an. Sie und alle beteiligten Personen werden davon profitieren.

Humor und Provokation fördern Kreativität

Kreativität und Humor stehen in einem engen und förderlichen Verhältnis.
Schon die Konstruktion eines Witzes beweist das. Sie beruht entweder darauf, dass ein unerwarteter Kontext oder eine andere Bedeutung als erwartet präsentiert wird. Es geht also um ureigenste Kriterien kreativen Denkens, denn um humorvoll zu denken, ist es notwendig in ungewöhnlichen Zusammenhängen zu denken, mit Bedeutungen zu spielen und neue Verbindungen herzustellen.
Aktivieren Sie Ihre Fähigkeit Humor zu zeigen, auch während Ihrer kreativen Prozesse.
In besonders eingefahrenen Fällen ist der Fokus derart eingeschränkt, dass schon vorhandene Lösungen oft gar nicht bemerkt werden. Frank Farelly hat daraus die Provokative Therapie entwickelt, in deren Rahmen eine Kombination aus nonverbalem Rapport und Wertschätzung und verbalen Provokationen beachtliche Wirkungen zeigen. Während der Sitzung wird der Klient von einer Perspektive in andere Perspektiven gebracht und das Ergebnis ist oft sehr hilfreich und äußerst kreativ. Es gibt auch Coaches, die diese Methode beherrschen.

Übungen für die mentale Vorbereitung auf Kreativität

Beidhändiges Zeichnen

Sie benötigen ein großes Blatt Papier und in jeder Hand einen Stift. Nun beginnen Sie mit beiden Händen zur gleichen Zeit

jeweils spiegelbildlich ansonsten gleiche Formen zu zeichnen. Wählen Sie für den Anfang leichtere geometrische Formen und steigern Sie sich ganz langsam. Registrieren Sie, wie Sie sich dabei fühlen.
Diese Übung steigert unter anderem auch Ihre Fähigkeiten des räumlichen Denkens und bereitet Sie gut auf kreative Prozesse vor.

Gähnen

Während Sie gähnen, massieren Sie sanft die Bereiche der Kiefer- und Mundregion, die sich angespannt anfühlen. Erlauben Sie sich dabei ruhige und entspannte Gähngeräusche von sich zu geben. Streichen Sie dabei sanft etwaige Verspannungen in dieser Region fort.
Diese Übung erzeugt einen entspannten Zustand und erleichtert die Freisetzung von Kreativität.

1.8 Statt Probleme zu haben die Herausforderung erkennen

Die Herausforderung, meist negativ als Problem bezeichnet, ist der Ausgangspunkt des kreativen Prozesses. Als erster und bedeutender Schritt zur erfolgreichen Anwendung von Kreativitätstechniken gilt es, das vorliegende Problem zu erkennen und die Zielsetzung zu definieren.
Ein Problem – oder besser eine Herausforderung – basiert auf der Differenz zwischen einem Soll-Zustand und einem Ist-Zustand. Wo diese Differenz gering ist, gibt es ein kleines Problem. Wo sie sehr groß ist, entsteht ein sehr großes Problem.
Kreative Problemlösung erfordert oft eine neuartige Kombination von Gedanken.
Für die Erfassung des Problems sind die richtigen Fragen zu stellen. Weit gefasste und allgemeine Fragen ergeben meist ebenso allgemeine und wenig hilfreiche Antworten.
Fragen, mit denen es gelingt, unmittelbar auf den Kern eines Problems zu zielen sind dagegen deutlich hilfreicher.

Auf den Punkt gebracht

Kreativität kann gezielt gefördert werden

- Kreativität ist die Fähigkeit neue Ideen, Lösungen und Verbindungen zu entwickeln, nicht zuletzt indem schon vorhandene Dinge und Denkweisen auf eine neue Weise miteinander kombiniert werden.
- Jeder Mensch ist von Geburt kreativ.
- Kreativität erweitert die Wahlmöglichkeiten.
- Kreative Menschen sind offener, erfolgreicher, anerkannter und glücklicher.
- Der Ursprung von Kreativität ist oft gerade dort zu finden wo Gegensätze aufeinander treffen, sodass Neues entstehen kann.
- Linke und rechte Gehirnhälfte haben unterschiedliche Ausprägungen, die beide ihre Bedeutung haben.
- Eine ausgewogene Balance zwischen den Gehirnhemisphären kann man trainieren, um so deren Potenziale voll auszuschöpfen.
- Das Gehirn will fit gehalten werden.
- Innere Dispositionen, die der Kreativität förderlich sind, können leicht aktiviert werden.
- Hinderliche Überzeugungen und Denkblockaden lassen sich mit entsprechenden Techniken auflösen.

2 Der kreative Prozess

Auch die viel beschworene spontane Eingebung fällt nicht einfach so vom Himmel

2.1 Eine kreative Lösung ist immer Ergebnis eines spezifischen Prozesses

Um zu einem kreativen Ergebnis zu kommen ist ein kreativer Prozess zu durchlaufen.
Am Anfang steht üblicherweise die Herausforderung und der Wunsch ihr konstruktiv zu begegnen oder die Notwendigkeit ein Problem zu lösen. Dazu muss das Problem zunächst einmal in allen seinen Facetten als solches erkannt werden.
Ist das Problem nicht aus dem Stand durch bewusstes Nachdenken zu lösen folgt der weitere Prozess.
Es wird alles gesammelt, das schon zu diesem Thema bekannt ist. Schon definierte Fragen werden so weit wie möglich beantwortet. Spätestens jetzt wird das Ziel greifbarer.
Auch im Unterbewusstsein werden die Informationen ausgewertet und mit etwas Training können hier hilfreiche Lösungen erwachsen. Achten Sie auf die Stimme Ihres Unterbewusstseins und halten Sie entsprechende Ideen sofort fest.
Wenden Sie nun die hier beschriebenen Kreativitätstechniken an (siehe Kapitel 3), um zu einer möglichst konstruktiven und konsensfähigen Lösung zu gelangen.
Schließlich geht es darum, den Weg zur Lösung kritisch zu überprüfen, ihn gegebenenfalls weiterzuentwickeln und umzusetzen.

Unterstützen Sie den Kreativitätsprozess, indem Sie sich in anderen Bereichen inspirieren lassen.

Die Quellen hierfür sind vielfältig:
- Lesen Sie viel und auch für Sie ungewohnte Themen.
- Betrachten Sie Bilder, Gemälde, Kunstgegenstände.

- Nutzen Sie den Kontakt zu Menschen, die vermutlich eine andere Sicht der Dinge mitbringen als Sie selber und seien Sie interessiert an der Vielfalt neuer Ideen, ohne sie gleich bewerten zu wollen.
- Nutzen Sie jede Möglichkeit, etwas Neues zu lernen.
- Mit Flexibilität und Offenheit lassen sich viele Probleme lösen.
- Ziehen Sie sich ruhig einmal zurück. Lassen Sie Ihre inneren Ressourcen zum Einsatz kommen, indem Sie ganz bei sich selbst sind. Versuchen Sie Ihre inneren Ressourcen zu zentrieren und lernen Sie Ihre individuelle Mitte schätzen.

Jede Phase des kreativen Prozesses hat ihre Eigenarten. Für die Auswahl der jeweils einzusetzenden Kreativtechnik (siehe Kapitel 3) und auch im Sinne der persönlichen Anforderungen gilt es dies zu berücksichtigen.
Viele besonders wichtige kreative Prozesse erfolgen in einem Kreislauf, der zur ständigen Verbesserung der Lösung führt.

Die kreativen Phasen:

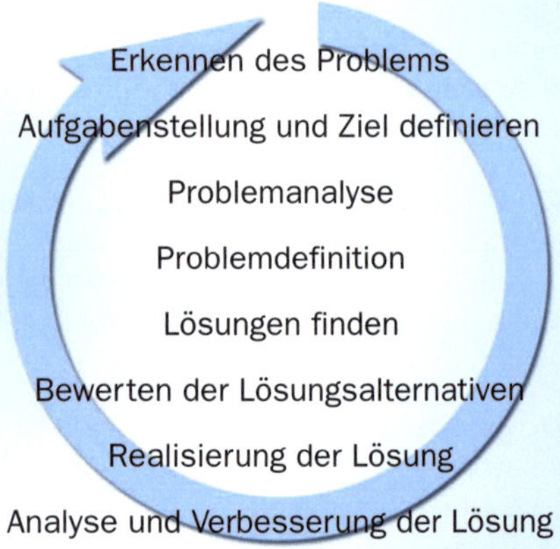

2.2 Nur überprüfbare Ziele können auch umgesetzt werden

Für das Gelingen der kreativen Reise ist es wichtig die Aufgabenstellung problemgerecht und treffend zu definieren und das Ziel dann so zu beschreiben, dass es mit hoher Wahrscheinlichkeit auch erreicht werden kann.
Es hat sich bewährt das Ziel in diesem Sinne auf eine ganz bestimmte Weise zu formulieren. Die Eselsbrücke dazu lautet S.M.A.R.T.

Mithilfe der SMART-Formel können Ziele in Bezug auf folgende Kriterien formuliert und geprüft werden:

S ituationsspezifisch
Ziele müssen der Problemsituation angemessen sein. Die Fragen lauten: *„Was ist der Wunschzustand in welcher Situation, mit wem gelange ich wie dorthin, wie verhalte ich mich dort? Welche Gefühle sind mit der Erreichung des Zieles verbunden?"*

M essbar
Nur messbare Ziele können auch überprüft werden. Es gilt also geeignete Erfolgskriterien festzulegen und zu überprüfen, ob damit eine Steuerung möglich ist.

A ttraktiv
Nur attraktiv formulierte Ziele motivieren. Negativ formulierte Ziele dagegen demotivieren und stellen so schon von Anfang an die Lösungsfindung infrage.

R ealistisch
Ziele müssen auch erreichbar sein. Aussichtslose Ziele verhärten die Problemlage nur: *„Kann ich selbst/mein Team verantwortlich das Ziel erreichen?*

T erminierung
Sollen Lösungsansätze nicht im Sande versickern, ist zu klären, bis wann das Ziel bzw. welche Etappe erreicht sein soll.

Zielfindungen finden nicht im luftleeren Raum, sondern immer innerhalb vielfältiger Kontexte statt. Da gibt es individuelle und Gruppeninteressen, organisationale Regelungen und Zwänge, die zu beachten sind und letzlich komplexe Einflussfaktoren, die auf den Zielerreichungsprozess einwirken.
In der erweiterten Form gehört daher zu einer strategisch abgesicherten Zielformulierung auch die Überlegung, ob es Einwände und Widerstände gegen das Ziel gibt bzw. geben kann.

Hilfreiche Fragen, um das Umfeld des Zielerreichungsprozesses zu überprüfen, sind:

- Wer könnte sich daran stoßen, wenn das Ziel erreicht/nicht erreicht ist?
- Wer ist unmittelbar/mittelbar betroffen?
- Wem erwachsen aus der Zielerreichung/dem Verfehlen des Ziels Nachteile/Vorteile?
- Was gilt es dadurch zusätzlich zu beachten?
- Welche Umstände, die sich vielleicht sogar dem unmittelbaren Zugriff der Beteiligten entziehen, müssen mit ins Kalkül gezogen werden?

Auf den Punkt gebracht

Je besser man den kreativen Prozess im Griff hat, umso besser sind die Lösungen

- Kreative Lösungen fallen nicht vom Himmel.
- Kreative Lösungen sind Ergebnis eines ganz spezifischen Prozesses.
- Je umfassender und konkreter das Problembewusstsein ist, umso besser wird die Lösung sein.
- Flexibilität und Offenheit sind für Problemlösungen förderlicher als übertriebene Vorsicht, Voreingenommenheit und Beharrungsvermögen; wagen Sie daher so oft es geht den Blick über den eigenen Tellerrand.
- Schon die Art und Weise der Zielformulierung beeinflusst die Chancen eine Lösung zu finden und auch erfolgreich umzusetzen.
- Ziele sollten daher gemäß der SMART-Formel formuliert werden und situationsspezifisch, messbar, attraktiv, realistisch und exakt terminiert sein.

Die geeignete Kreativitätstechnik für Ihren speziellen Zweck

Kreativitätstechniken gezielt einsetzen

Kreativitätstechnik	Ist-Analyse	Lösungssuche	Lösungs-bewertung	Nutzung durch Einzelperson	Durchführung in Gruppe
6-Hüte nutzen	☺	☺	☺		☺
Anonymes Brainstorming		☺			☺
Bisoziation		☺			☺
Brainstorming		☺			☺
Brainwriting-Pool		☺			☺
Clustering	☺	☺	☺	☺	☺
Destruktiv-konstruktives Brainstorming	☺	☺			☺
Didaktisches Brainstorming		☺			☺
Imaginäres Brainstorming		☺			☺
Kartentechnik	☺	☺	☺		☺

Diese Tabelle bietet eine grundsätzliche Hilfe für die erste Auswahl einer Kreativitätstechnik.

Durch kleine und manchmal auch größere Anpassungen können viele der Kreativitätstechniken auf die jeweils individuellen Bedürfnisse abgestimmt und so auch in hier nicht explizit empfohlenen Bereichen eingesetzt werden.

Kreativitätstechnik	Ist-Analyse	Lösungssuche	Lösungsbewertung	Nutzung durch Einzelperson	Durchführung in Gruppe
Kollektives Notizbuch		☺	☺		☺
Methode 6-3-5		☺			☺
MindMapping	☺	☺	☺	☺	☺
Morpholog. Matrix	☺	☺	☺	☺	☺
Morpholog. Kasten	☺	☺	☺	☺	☺
Open Space	☺	☺	☺		☺
Osborn-Methode	☺	☺		☺	☺
Reizworttechnik		☺			☺
Umkehr-Methode		☺			☺
Visualisierung		☺		☺	☺
Walt-Disney Methode	☺	☺	☺	☺	☺
Wunder		☺	☺	☺	☺
Zukunftswerkstatt	☺	☺	☺		☺

☺ = Empfehlenswert

3 Die kreativen Methoden

Der professionelle Einsatz von Kreativtechniken bringt mit hoher Wahrscheinlichkeit verwertbare Lösungen

Das Finden kreativer Lösungen muss nicht dem Zufall überlassen bleiben, sondern kann durch die konsequente und professionelle Anwendung der hier vorgestellten Methoden gezielt gefördert und gesteuert werden.
Die kreativen Methoden lassen sich folgendermaßen unterteilen:

Überblick über die Methoden und ihren Einsatz

Da nicht jede der hier beschriebenen Techniken für jede Problemstellung und Phase gleichermaßen geeignet ist, gilt es, dem Zweck und den Umständen entsprechend diejenige Methode auszuwählen, die die besten Aussichten auf Erfolg bietet.

Mithilfe der Tabelle auf der vorigen Doppelseite können Sie sich schnell eine geeignete Technik auswählen, mit der Sie entsprechend Ihrer individuellen Aufgabenstellung geeignete kreative Lösungen finden können.

Die Methoden im Einzelnen:

3.1 Brainstorming

Von dieser durch Alex Osborn entwickelten Methode gibt es heute eine große Zahl von Varianten. Die Gemeinsamkeit dieser Varianten ist die wechselseitige Anregung der Teilnehmer. Die Variationen sind schnell einsetzbar und rasch durchzuführen, um relativ einfache Probleme zu lösen.
Brainstorming erfolgt entweder schriftlich oder mündlich.

> Es ist wichtig, für die Effektivität und den positiven Verlauf des Brainstormings eine gut durchdachte Problemformulierung zu haben.

Grundregeln des Brainstormings

Für den Erfolg des Brainstormings sind mehrere Punkte zu beachten bzw. während der Sitzungen zu leben.

- Quantität geht vor Qualität. Je mehr Ideen gesammelt werden desto besser.
- Durch spontane Äußerung von Ideen werden andere Teilnehmer angesteckt und inspiriert.
- Keine offene oder verborgene Bewertung von eigenen oder fremden Ideen.

- Niemand hat ein Urheberrecht an einer Idee.
- Es gibt keine Verlierer, sondern nur Gewinner.
- Killerphrasen sind Ideenkiller.

Der Verlauf einer Brainstorming-Sitzung

Damit Brainstorming erfolgreich sein kann, müssen die beteiligten Personen miteinander kooperieren können und auch wollen. Der einsetzende Fluss von Ideen regt die Beteiligten an, inspiriert und ermuntert sie, Ideen und Assoziationen zu einem gut definierten Problem bzw. der Aufgabenstellung zu äußern.
Günstig ist eine Gruppengröße von 5 bis 7 Mitgliedern. Bei kleineren Gruppen entwickeln sich häufig zu wenige Ideen und bei größeren Gruppen kommt es leicht zu einem Durcheinander oder zur Kliquenbildung innerhalb der Gruppe.
Für nicht exakt abgegrenzte, ungewöhnliche oder sehr innovative Aufgabenstellungen kann es förderlich sein, die Teilnehmergruppe möglichst heterogen zu besetzen, damit viele unterschiedliche Lösungsansätze entstehen können. Für fest definierte Problemstellungen oder solche, die eher der Routine entsprechen, kann die Gruppe homogener zusammengesetzt sein, da hier vielfach Experten einer gemeinsamen Fachdisziplin sich gegenseitig ergänzen.

> Alle Teilnehmer müssen die Grundregeln des Brainstormings kennen und respektieren.

Es ist wichtig, vor dem Start eine anregende und motivierende Arbeitsatmosphäre zu schaffen und den Teilnehmern Gelegenheit zu geben, zur Thematik und zueinander zu finden.

- Präsentation der Aufgabenstellung

Zu Beginn eines Brainstormings wird das Problem bzw. die Aufgabenstellung dargestellt. Dies kann auf verschiedene Weise geschehen, beispielsweise, indem die Thematik gut sichtbar auf ein Flipchart geschrieben oder an eine Pinnwand geheftet wird und so im Blickfeld bleibt oder auf eine andere Weise anschaulich vermittelt wird. Schon durch die Art der

Präsentation kann die Art der Ideen beeinflusst werden; so kann eine unkonventionelle Präsentation beispielsweise auch unkonventionelle Ideen besonders leicht sprudeln lassen.
Je nach Gruppenbefindlichkeit können eingangs auch die Brainstormingregeln nochmals ins Bewusstsein gerufen und der Zeitrahmen abgesteckt werden.

◆ Sammelphase

Ist die Thematik deutlich geworden und sind die Teilnehmer auf den anstehenden kreativen Prozess eingeschworen, beginnt die Kernphase des Brainstormings: das Sammeln von Ideen. Unabdingbar ist, dass auch zurückhaltende Teilnehmer motiviert werden und die Möglichkeit bekommen Ihre Ideen zu äußern und dass die eingebrachten Ideen auf keinen Fall bewertet werden. Andernfalls läuft man Gefahr, das kreative Potenzial des Brainstormings nicht voll auszuschöpfen.
Es ist angebracht nach dieser Phase eine Pause einzulegen, damit der kreative Prozess deutlich abgeschlossen wird.

◆ Grobauswahl und erste Strukturierung

Im Anschluss erfolgt dann eine Grobauswahl und erste Strukturierung. Hier werden die Ideen nach verschiedenen übergeordneten Gesichtspunkten sortiert. Mögliche Kriterien können etwa sein

- unmittelbar verwertbar,
- prinzipiell verwertbar, muss aber weiter untersucht werden,
- eher nicht verwertbar.

◆ Bewertung der Lösungsalternativen

Zuletzt werden die strukturierten Lösungsalternativen bewertet und die Teilnehmer versuchen einen Konsens zu finden.

◆ Maßnahmenplan

Damit die erarbeitete Lösung nicht buchstäblich im Sande versickert, wird die Umsetzung abgesichert, indem im Rahmen eines Maßnahmenplans Verantwortlichkeiten für die Umsetzung und ein präzises Timing der einzelnen Lösungsschritte festgelegt werden.

Rollen beim Brainstorming

Im Rahmen eines Brainstormings sind die folgenden Rollen zu besetzen:

- Geeignete aktive Teilnehmer und eine entsprechende Gruppenzusammensetzung
- Ein Moderator
- Ein Protokollant

Der Moderator präsentiert das Problem und die Aufgabenstellung und sorgt dafür, dass der Rahmen eingehalten und die Regeln beachtet werden. Wenn es erforderlich ist, erhöht er die „Betriebstemperatur“ ggf. auch mit provokativen Beiträgen und sorgt dafür, dass die Nähe zum Thema erhalten bleibt. Er erfüllt seine Rolle möglichst behutsam und greift nur dann ein, wenn es erforderlich ist.
Der Protokollant nimmt nicht an der Ideenfindung teil und konzentriert sich darauf die Essenz der Beiträge aller Teilnehmer zu sammeln. Für die Strukturierung ist es gut, dies als Stichpunkte an der Tafel oder auf Karten zu sammeln.

Es gibt verschiedene Ausformungen des Brainstormings, die im folgenden dargestellt werden:

Brainstorming für Einzelpersonen

Brainstorming ist nicht nur etwas für Gruppen; auch Einzelpersonen (siehe hierzu auch Kap. 7) können diese Technik nutzbringend einsetzen.
Formulieren Sie deutlich die Aufgabenstellung, die Sie lösen wollen. Planen Sie 15 bis 20 Minuten für die Ideenfindungsphase. Notieren Sie die Begriffe, mit denen Sie die Gedanken beschreiben, die Ihnen spontan in den Sinn kommen.
Wenn Sie einen Begriff gefunden und fixiert haben, lassen Sie den nächsten folgen, bis Sie zirka 20 bis 50 Stichworte gesam-

melt haben. Schreiben Sie alles auf, ohne Ihren inneren Zensor zu Wort kommen zu lassen.
Bevor Sie beginnen Ihre Stichworte zu strukturieren und zu bewerten, lassen Sie etwas Zeit vergehen.
Es geht hier weniger darum, Ideen zu finden, die sich direkt in die Praxis umsetzen lassen, als vielmehr Ansatzpunkte zu entwickeln, um über übliche Lösungsmuster hinauszudenken.

Anonymes Brainstorming

Beim anonymen Brainstorming entfällt die gegenseitige Anregung zur Ideenproduktion. Beabsichtigt ist, dass jeder Teilnehmer zunächst für sich seine eigenen Ideen zur Problemlösung entwickelt und sich die Teilnehmer in ihrer Lösungsfindung nicht gegenseitig beeinflussen oder gar blockieren.
Diese Vorgehensweise kann beispielsweise dann sinnvoll sein, wenn sich eine Brainstorminggruppe aus Personen unterschiedlicher Hierarchiestufen zusammensetzt und anzunehmen ist, dass rangniedrigere Mitglieder ihre Meinung zugunsten der Ansichten ranghöherer Personen zurückstellen oder diesen nach dem Mund reden. Auch vor dem Hintergrund kontrovers diskutierter oder konfliktträchtiger Themen kann so eine freie Meinungsäußerung gesichert werden.
Der Prozess dauert zirka 30 bis 40 Minuten mit vorzugsweise 4 bis 7 Teilnehmern.

Verlauf des anonymen Brainstorming

Der Moderator stellt die Aufgabenstellung vor. Dann schreiben alle Teilnehmer jeden ihrer Einfälle zur Problemlösung auf eine eigene Karte.
Im Anschluss sammelt der Moderator diese Karten ein und präsentiert nacheinander die Ideen, beispielsweise indem die Karten an einer Moderationswand angeheftet werden.
Im Gespräch im Plenum geht es dann darum, die gewonnenen Lösungsansätze weiterzuentwickeln und zu einem Konsens zu finden.

Didaktisches Brainstorming

Eine weitere Form des Brainstormings ist das didaktische Brainstorming. Hier tritt die Rolle des Moderators in den Vordergrund, der die Teilnehmer schrittweise durch den Ideenfindungsprozess führt. Dabei dosiert er seine Informationen sorgfältig und erhöht sukzessive die Komplexität der Problemstellung.

Der Moderator nimmt hier beispielsweise eine Rolle als Fachexperte oder externer Mediator ein. Dies setzt voraus, dass er in die Thematik eingearbeitet ist oder mit den Hintergründen eines Konfliktes oder einer die Teilnehmer polarisierenden Diskussion vertraut ist.

Ziel ist es, dass auf unterschiedlichen Ebenen Lösungen bzw. Lösungsansätze entwickelt werden und es nicht zu voreiligen oder pauschalisierenden Ansätzen kommt. Die dosierte Vergabe der Informationen verhindert, dass sich die Teilnehmer zu schnell und zu frühzeitig auf einen Lösungsweg fixieren und so mögliche Lösungsalternativen übersehen. Erst am Ende des Prozesses legt der Moderator das gesamte Problem offen und leitet so auf der Basis der bisher erarbeiteten Ideen eine umfassende Lösungsfindung ein.

Der Prozess dauert zirka 30 bis 50 Minuten bei vorzugsweise 4 bis 7 Teilnehmern.

Verlauf des didaktischen Brainstormings

Der Moderator führt die Gruppe schrittweise an das Problem heran, indem er den Problemlösungsprozess in mehrere Durchläufe teilt und sukzessive immer weitere und detailliertere Informationen gibt. Nach jeder neuen Information führt er einen erneuten Durchlauf des Brainstormings durch.

Destruktiv-konstruktives Brainstorming

Zu Beginn dieser Brainstorming-Variante werden alle offensichtlichen und denkbaren Schwächen und Unzulänglichkeiten einer zur Diskussion oder Disposition stehenden Verfah-

rensweise betrachtet. Diese destruktive Sicht der Dinge wird dann in eine konstruktive Herangehensweise überführt, indem Vorschläge gesammelt werden, mit denen den erkannten Schwächen begegnet werden könnte.
Die Vorteile des destruktiv-konstruktiven Brainstormings liegen darin, dass es zunächst einmal eine nützliche Situationsbeschreibung bietet. Die anfangs eingenommene Negativperspektive gewährleistet, dass wirklich die gesamte Tragweite einer Problematik erkannt werden kann und man nicht der Versuchung unterliegt, negative Sachverhalte, die scheinbar unwichtig sind, einfach unter den Teppich zu kehren.
Da hier zudem ein komplexes Problem in viele kleine Teilprobleme zerlegt wird, wird es besser greifbar und Problemursachen können leichter erkannt werden. Gerade für die Einzelelemente des Problems lassen sich so spezifische und wirksame Lösungen finden, auf denen dann das Konzept einer Gesamtlösung aufbauen kann.

Verlauf des destruktiv-konstruktiven Brainstormings

Der Moderator stellt die Aufgabenstellung vor.
10 Minuten lang werden das Problem und die Schwächen und Unzulänglichkeiten der gegenwärtigen Verfahrensweise dargestellt.
Während der folgenden zirka 30 Minuten wird gemeinsam das Problem definiert und die Suche nach neuen Lösungsmöglichkeiten aufgenommen.
Für die anschließende Beurteilung der verschiedenen Lösungsalternativen und die Wahl einer konsensfähigen Lösung erstellt jeder Teilnehmer seine Ideallösung und präsentiert diese vor der Runde.

Imaginäres Brainstorming

In Form von Gedankenspielen und Szenarien werden eingefahrene und problematisch gewordene Routinen verändert und deren Rahmenbedingungen verfremdet.

Durch dieses imaginäre „*Was wäre, wenn …*“ soll erreicht werden, dass sich die Teilnehmer von möglicherweise schon zu festgefahrenen Vorstellungen befreien und einen offenen Horizont für innovative Lösungen entwickeln. Vorhandene Fixierungen auf bisherige Konstellationen und Beharrungstendenzen werden so zugunsten neuer und ungewöhnlicherer Einfälle aufgelöst.
Es ist unbedingt erforderlich, dass sich die Teilnehmer auf diese Vorgehensweise einlassen und bereit sind, auch auf den ersten Blick absurd anmutenden Vorstellungen zu folgen. Fehlt diese grundsätzliche Bereitschaft, kann es zu massiven Widerständen kommen. Je nach der in der Gruppe herrschenden Stimmung kann es also sinnvoll sein, zu Beginn nochmals Sinn und Zweck des Brainstormings zu erläutern.
Der Prozess dauert zirka 30 bis 40 Minuten bei vorzugsweise 4 bis 7 Teilnehmern.

Verlauf des imaginären Brainstormings

Der Moderator präsentiert das Problem und die genaue Problemstellung wird definiert. Dann verändert er wesentliche (Rahmen-)Bedingungen des Problems.
Geht es beispielsweise um die Bedienungsfreundlichkeit eines Handys für ältere, wenig technikerfahrene Personen, kann etwa von der Bedingung ausgegangen werden, dass die Anwender nur über zwei Finger verfügen und das Produkt nun für diese Nutzer sinnvoll verändert werden muss. Unter dieser Prämisse besteht dann ein ganz anderer Druck, sich nur auf die wirklich wesentlichen Funktionen zu konzentrieren und diese übersichtlicher zu gestalten als unter den normalen Gegebenheiten.
Anschließend fährt man mit einer der möglichen Formen des Brainstormings fort, um dann in einem offenen Gespräch zu klären, ob sich von den gesammelten Ideen etwas auf die nicht verfremdete Ursprungssituation übertragen lässt. Die so gewonnenen, manchmal sehr erstaunlichen Lösungsansätze werden weiter entwickelt.

3.2 Methode 6-3-5

Die Methode 6-3-5 ist eine Form des Brainstormings, die schriftlich in der Gruppe durchgeführt wird. Da sie als eigenständige Form sehr weit verbreitet ist, wird sie hier unter einem eigenen Unterpunkt aufgeführt.

Die Bezeichnung 6-3-5 basiert darauf, dass
- 6 Teilnehmer
- 3 Beiträge je Teilnehmer und Durchgang
- in jeweils 5 Minuten pro Durchgang

schriftlich fixieren.

Die Methode zielt bei der Ideenfindung hauptsächlich darauf, die Ideen der Teilnehmerinnen und Teilnehmer dadurch zu inspirieren, dass Ideen gegenseitig aufgegriffen und dadurch weiterentwickelt werden. Ist in einer Runde eine verbal sehr dominante Person anwesend, so kann mit dieser Methode auch das Potenzial zurückhaltender Teilnehmer erschlossen werden.

Verlauf der Methode 6-3-5

Der Durchlauf dauert zirka 30 Minuten bei vorzugsweise 6 Teilnehmern, die am besten an einem Tisch sitzen.
Jeder Teilnehmer erhält ein vorbereitetes Blatt Papier, das in je 3 Kästchen in 6 Reihen unterteilt ist. Gemeinsam wird das Ziel definiert oder der Moderator präsentiert den Auftrag.
Jeder Teilnehmer schreibt in die erste freie Reihe pro Kästchen eine Idee (entwickelt also 3 Ideen) und reicht das Blatt dann an seinen Nachbarn zur Rechten weiter. Für einen Durchgang hat jeder zirka 5 Minuten Zeit, bis der Moderator das Zeichen zum Weiterreichen gibt.
Die Ideen der Teilnehmer dürfen und sollen die Vorgängerideen ergänzen und variieren; es können aber auch vollkommen neue Überlegungen festgehalten werden.
Ist das Blatt fünfmal weitergereicht worden, haben die 6 Teilnehmer bei 3 Ideen pro Durchgang 6 x 18 Einfälle, also insgesammt 108 Ideen, produziert.

Einsatz- und Absatzmöglichkeiten für Kugelschreiber

Teilnehmer
1 . . . .
2 . . . .
3 . . . .
4 . . . .
5 . . . .
6 . . . .

Schreibwarenhandel ✔✔	Bürobedarf	Werbemittelbedarf durch Aufdruck ✔
Visitenkartenersatz durch Aufdruck	Lesezeichen	Schulen
Als Stäbchen eines Mikadospiels ✔✔	Sammlerstücke ✔	Scherzartikel
Mit Transponder als Zugangsschlüssel	Zum Stressabbau mit Malbuch für Manager ✔✔✔✔	Kunstbereich
Kombination mit Schlüsselanhänger ✔	Büros	Kombination mit Taschenlampe ✔✔✔✔✔
Alternative Haarspange	Kuli mit Thermometer für Umgebungstemperatur	Kuli mit aufgedrucktem Lineal ✔✔

Mit der Methode 6-3-5 entwickeln 6 Teilnehmer in 30 Minuten 108 Ideen

Wie beim Brainstorming wird auch hier während der Ideensammelphase nicht bewertet. Erst im Anschluss an die Ideenfindung kann in einer gut funktionierenden Gruppe eine erste Würdigung der Ideen erfolgen.

Da hier jeder Teilnehmer jeweils 18 Ideen beigesteuert, also prozentual den gleichen Anteil an der Menge der gesammelten Lösungen hat, kann es zu Unstimmigkeiten kommen, wenn einzelne Teilnehmer jeweils lediglich die eigenen Vorschläge favorisieren und die der anderen vernachlässigen.

Wie erfolgt die erste Bewertung?

Die 6-3-5-Formulare werden erneut in der Runde weitergereicht, wobei jeder Teilnehmer die Aufgabe erhält, pro Blatt jeweils drei verschiedene Ideen anzukreuzen, die er für die Problemlösung als am besten geeignet hält.
Hierdurch erhält jedes 6-3-5-Formular 18 Kreuze zur Bewertung.
Der Moderator stellt danach diejenigen Vorschläge zur Diskussion, die mindestens 4 Bewertungskreuze (oder die meisten) auf sich vereinen können.
Mithilfe einer anderen Kreativitätsmethode werden diese Ideen dann weiterentwickelt.

Anmerkungen

Wie erwähnt sind bei der Brainstorming-Methode 6-3-5 entsprechende Anforderungen an die Teilnehmer und ihre Teamfähigkeit zu stellen.
Die Methode kann natürlich auch mit einer größeren oder auch kleineren Zahl von Personen durchgeführt werden.
Es herrscht kein Zwang in jedes Kästchen etwas zu schreiben und wenn einem Teilnehmer nichts einfällt, dann gibt er das Blatt einfach ohne Eintrag weiter.
Um es den anderen einfacher zu machen ist es hilfreich, deutlich und verständlich zu schreiben, um so unnötige und störende Zwischengespräche zu vermeiden.
Es ist in Ordnung, wenn Doppelnennungen vorkommen.
Spätere Runden benötigen möglicherweise etwas mehr Zeit als die ersten, zum einen, um die Ideen aus den vorangehenden Runden zu lesen und sich ggf. auch davon inspirieren zu lassen, zum anderen, weil die Ideen nicht mehr so schnell sprudeln.

Um den Ideenfluss der Teilnehmer zu nutzen, die in der vorgegebenen Zeit mehr als drei Ideen entwickeln, werden in der Mitte der Runde Blätter ausgelegt, auf denen diese notiert werden können. Jeder darf sich auch von diesen Ideen inspirieren lassen.

3.3 Kollektives Notizbuch

Als eigenständige schriftliche Variante des Brainstormings kann das kollektive Notizbuch genutzt werden, mit dessen Hilfe sich die Beteiligten auch dann gegenseitig inspirieren können, wenn sie nicht gleichzeitig an einem Ort anwesend sind. Diese Kreativitätstechnik ist also für Situationen geeignet, in denen sich die Gruppe nicht gemeinsam an einem Ort aufhält.
Der Zeiteinsatz ist individuell unterschiedlich und die Anzahl der Teilnehmer unbegrenzt. Als Orientierung für die Dauer sind 2 bis 4 Wochen geeignet.
Ein kollektives Notizbuch kann auch nach einer erfolgten Kreativitätssitzung dafür eingesetzt werden, über einen längeren Zeitraum noch weitere Ideen zu sammeln.
Der Erfolg ist sehr davon abhängig, ob und wie die Teilnehmer sich dafür begeistern lassen. Da die Rückmeldungen oft erst mit großer Zeitverzögerung ankommen, kann die Motivation im Verlauf der Aktion rasch verloren gehen.

Verlauf der Ideenfindung mit kollektivem Notizbuch

Ein Ordner oder Notizbuch wird dafür vorbereitet die erhofften Ideen aufzunehmen. Dazu wird das Buch eindeutig gekennzeichnet und Hinweise zu Problem und Aufgabenstellung hinzugefügt. Gegebenfalls können eine Grafik oder weitere Erläuterungen hilfreich sein.
Es sollte sichergestellt werden, dass das kollektive Notizbuch für alle Beteiligten erreichbar ist. Wichtig ist auch die Information, wie lange es für Einträge bereitliegen wird.
Ist der Zeitraum beendet, wird der Inhalt zusammengefasst und es werden Schlussfolgerungen formuliert, auf deren Grundla-

ge in der Auswertungsphase Vorschläge zur Problemlösung erarbeitet bzw. weitere Schritte vorbereitet werden können.

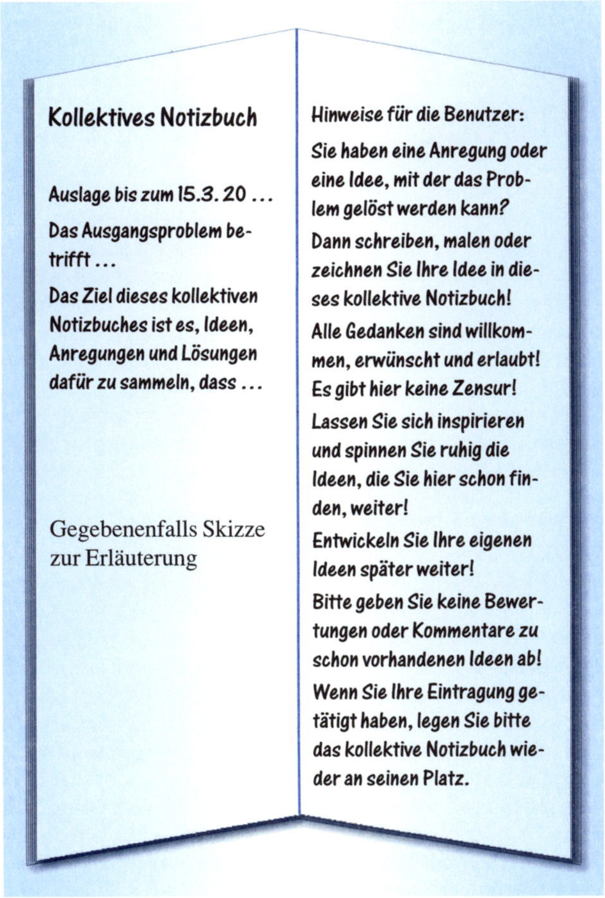

Das kollektive Notizbuch sammelt Ideen über einen längeren Zeitraum

3.4 Karten-Methode

Diese schriftliche Variante des Brainstormings soll gleiche Chancen der Teilnehmer zur Ideenartikulation gewährleisten. Sie ist also besonders geeignet, um auch zurückhaltendere Teilnehmer zu Wort kommen zu lassen, die sich sonst nicht äußern würden. Die Zuordnung der Ideen zu einzelnen Oberthemen ist zudem gut in der Auswertungsphase nutzbar.
Der Durchgang dauert zirka 30 Minuten bei 4 bis 10 Teilnehmern.
Benötigte Materialien sind ein Pinboard mit Nadeln oder Magneten, dick schreibende Filzstifte und reichlich Karten.
Die Karten sollten ruhig aus etwas festerem Material (Pappe) sein. Als Alternative zu fertigen Karten können aus einem Blatt farbiger Pappe A4 drei Karten gewonnen werden. Dabei sollte bei der Farbwahl eher auf Karten mit hellen Pastellfarben gesetzt werden, auf denen die Aufschriften später gut sichtbar sind.
Steht nur eine kleinere Pinnwand zur Verfügung, sollte die Fragestellung zusätzlich während der gesamten Sitzung an einem Whiteboard, Flipchart oder Ähnlichem visualisiert bleiben.

Verlauf einer Sitzung mit der Karten-Methode

Der Moderator präsentiert zuerst das Problem und dann die sich daraus ergebende Aufgabenstellung. Die Problemdefinition wird für alle sichtbar notiert.
Jeder Teilnehmer schreibt in zirka 10 Minuten seine Ideen zur Problemlösung auf jeweils eine Karte (1 Idee pro Karte).
Der Moderator sammelt die Karten ein und heftet sie gut sichtbar an ein Pinboard oder etwas Ähnliches, damit alle Teilnehmer die erstellten Lösungsvorschläge gemeinsam sortieren und in eine Rangfolge bringen können.
Es werden zunächst diejenigen Karten zusammengehängt, die ähnliche oder gleiche Aussagen tragen. So entstehen so genannte Cluster mit Karten, die einem bestimmten Zusammenhang zugeordnet werden können. Für die Cluster werden dann passende Überschriften gesucht.

Innerhalb der Cluster werden die Vorschläge dann in eine Rangfolge gebracht. Mögliche Kriterien hierzu können etwa sein Kosten, Praktikabilität, Umsetzungsfreundlichkeit, Dauer für das Umsetzen der vorgeschlagenen Maßnahmen, notwendige Ressourcen etc.
Mittels zwischen zwei Pinnnadeln gespannten Fäden oder Strichen können auch Verbindungen und Bezüge zwischen einzelnen Lösungen verdeutlicht werden. So erhält die Kartenlandschaft Ansätze einer Mind Map (siehe Kap. 3.7).

Pinnwand mit Themenclustern und Moderationskarten

3.5 Brainwriting Pool

Eine weitere eigenständige schriftliche Form des Brainstormings ist der Brainwriting Pool. Wie die Karten-Methode ist auch diese Variante ebenfalls sinnvoll, wenn allen Teilnehmern die gleichen Möglichkeiten zum Vorbringen ihrer Ideen ermöglicht werden sollen.

Der Durchlauf dauert zirka 20 bis 40 Minuten bei 4 bis 8 Teilnehmern.
Es sitzen dabei möglichst alle Teilnehmer an einem Tisch. Als Material benötigt man lediglich ein paar Blätter unbeschriebenes Papier.

Verlauf der Methode Brainwriting Pool

Der Moderator stellt das Problem und die Aufgabenstellung vor. Die Problemdefinition wird für alle sichtbar notiert.
Der Moderator legt dann ein oder zwei Blätter in die Mitte, auf denen schon ein paar mögliche Lösungen festgehalten sind.
Jeder Teilnehmer erhält nun ein Blatt Papier, auf dem er seine Ideen zur Problemlösung stichwortartig fixiert. Hierfür besteht keine Zeitbeschränkung.
Wenn einem Teilnehmer keine Ideen mehr einfallen, legt er sein eigenes Blatt in die Mitte, in den so genannten Pool, und lässt sich von einem dafür aus der Mitte genommenen Blatt zu weiteren Ideen inspirieren, die er nun auf diesem Blatt festhält. Dies wird so lange weitergeführt bis die für die gesamte Sitzung vereinbarte Zeit abgelaufen ist.

3.6 Clustering

Clustering basiert auf einem gelenkten assoziativen Verfahren und ist schnell zu erlernen. Den Ausgangspunkt für die Gedanken- und Gefühlsbewegung bildet ein bestimmter Begriff oder die begriffliche Fassung eines Gefühls, um so die damit verbundenen Gedanken und Gefühle aus dem Gedächtnis hervorzulocken.
„Cluster" kommt aus dem Englischen und bedeutet soviel wie „Büschel", „Gruppe" oder „Anhäufung", und ist hier im Sinne von vernetzten Informationen, Vorstellungen und Gefühlen gemeint. Clustering ist ohne große Vorarbeiten durchführbar. Bewährt hat es sich vor allem dort, wo es darum geht, über die Aktualisierung von Vorwissen neue Verknüpfungen von Gedanken und neue Ideen zu entwickeln.

Voraussetzungen

Für den Einsatz sind ein paar Regeln zu beachten, es ist etwas Training sowie die Fähigkeit und Bereitschaft erforderlich sich auf den kreativen Prozess einzustimmen, da Kreativität nicht freigesetzt wird, wenn die Überlegungen mechanisch ablaufen.

Verlauf des Clustering durch Einzelperson

Wählen Sie ein möglichst großes unliniertes Papierblatt, wenn Sie allein arbeiten am besten im DIN-A3-Format. In die Mitte des Blattes schreiben Sie zunächst den Kernbegriff, von dem Ihre Gedanken ausgehen sollen und umrahmen diesen. Umkreisen Sie nun gedanklich Ihren Begriff in allen denkbaren Richtungen. Ihr Spielraum auf dem Blatt beträgt volle 360 Grad. Hier können Sie Ihren Gedanken freien Lauf lassen. Bringen Sie dazu jeden Gedanken rasch aufs Papier und folgen Sie dem Fluss, der sich einstellt.

Schreiben Sie nacheinander alle Einfälle auf und umrahmen diese. Verwenden Sie kurze und prägnante Begriffe und halten Sie sich nicht mit langatmigen Erläuterungen auf; Sie werden auch später noch wissen, was Sie sich im Detail dabei gedacht haben. Schließlich basiert das Clustering auf Ihren ureigensten persönlichen Gedanken und bringt lediglich die Strukturen und Verbindungen von innen nach außen.

Einfälle, von denen Sie meinen, dass es eine Verbindung zu anderen Begriffen gibt, verbinden Sie mit einer Linie.

Struktur des Clustering

Es kann auch gut sein, dass einzelne Ideen unverbunden bleiben. Mitunter sind Verbindungen auch erst später erkennbar und gerade die Entdeckung des verbindenden Elementes kann interessante Einsichten bieten.
Betrachten Sie immer wieder in aller Ruhe, was Sie schon notiert haben, da Sie dies zu weiteren Gedanken führen kann.
Stockt der assoziative Fluss, kehren Sie immer wieder zum Kernbegriff zurück, um dort mit Ihren Assoziationen erneut zu beginnen. Wenn Ihnen gerade nichts einfällt, malen Sie in der Skizze herum, machen Sie die Linien dicker, verwenden Sie Farben und folgen Sie ihren eigenen Impulsen.

Verlauf des Clustering in der Gruppe

Für ein erfolgreiches Clustering ist eine ungezwungene und offene Stimmung wichtig, dann ergeben sich nützliche Ergebnisse umso leichter. Häufig ist es für die Teilnehmer an assoziativen Verfahren ungewohnt, den eigenen Gedanken und Gefühlen unbewertet freien Lauf zu lassen. Umso bedeutsamer sind die äußeren Rahmenbedingungen und eine geeignete Einstimmung.
Das Cluster wird entweder auf einem gut sichtbaren großen Blatt Papier – etwa auf einem Flipchart – entwickelt oder ein Overheadprojektor oder Tageslichtprojektor verwendet. Arbeitet man beispielsweise auf einem Whiteboard, kann das Ergebnis mit einer Digitalkamera festgehalten werden, bevor es abgewischt wird. Vorzuziehen sind hier jedoch dauerhaft für alle Teilnehmer gut sichtbare Darstellungen, die auch in zukünftigen Sitzungen genutzt werden können.
Die Gruppengröße sollte 3 bis 5 Teilnehmer nicht überschreiten. Nur so können Assoziationen frei fließen und ist sichergestellt, dass sich jedes einzelne Mitglied am Prozess beteiligt. Bei größeren Gruppen werden diese auf kleinere Clustergruppen aufgeteilt.
Um die Arbeitsqualität zu fördern kann es sinnvoll sein, vorab eine gemeinsame Einstimmung auf die kreative Arbeitsphase durchzuführen.

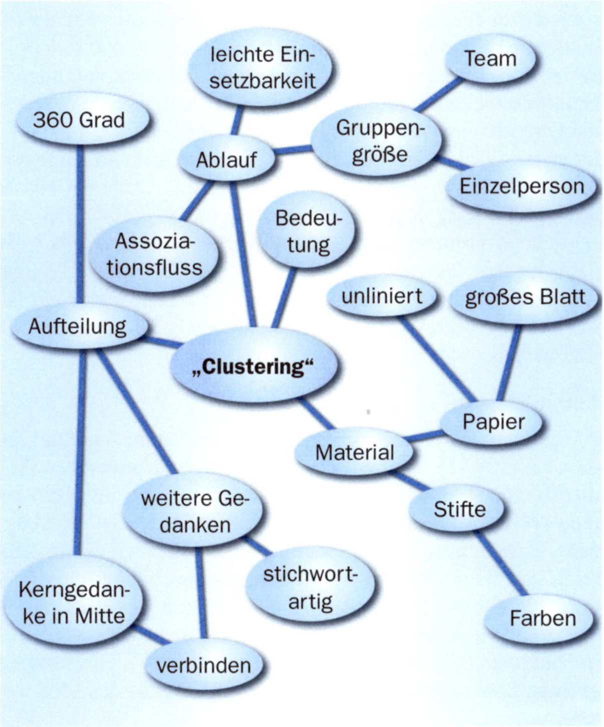

Clustering zum Begriff „Clustering“

Bewährt hat sich, die Teammitglieder aufzufordern, jeweils damit zu beginnen, eine entspannte Stellung einzunehmen und für zirka 1 Minute die Augen zu schließen und sich auf ihre Assoziationen zum Kernbegriff zu konzentrieren.
Der Ausgangsbegriff, von dem das Clustering ausgehen soll, ist in die Mitte des Blattes vorgegeben.
Der erste Teilnehmer notiert seine Gedanken dazu und reicht dann das Blatt an seinen rechten Nachbarn weiter. Dann ent-

wirft dieser Teilnehmer seine Gedanken, umrahmt sie und verbindet sie mit dem Kernbegriff.
Wenn sich der eigene Gedanke besser an den eines Vorgängers anknüpfen lässt als mit dem Kernbegriff in der Mitte, werden die Begriffe entsprechend miteinander verbunden.
Das Blatt wird zwischen den 3 bis 5 Teilnehmern so lange herumgereicht, wie diese Ideen haben bzw. die vorher auf 10 bis 20 Minuten festgelegte Zeitspanne vergangen ist.
Jegliche Kommentierung, egal ob verbal oder nonverbal, ist dabei zu unterlassen.
Am Ende wird das Ergebnis auf dem Overhead- oder Tageslicht-Projektor o.Ä. präsentiert und je nach Erfordernissen und Zielen ausgewertet bzw. weiterentwickelt.

Anmerkungen

Ist die linke rationale Gehirnseite dominant oder hier zumindest zu aktiv (siehe Kap. 1.1), kommt es zu skeptischen Anmerkungen. Teilnehmern mit dominanter linker Gehirnseite ist eine völlig freie Assoziation in der Regel zunächst sehr suspekt. Eine interne Zensur ist an dieser Stelle aber wenig hilfreich und wird sich erst dann verringern, wenn die logischen Persönlichkeitsanteile von der Nützlichkeit des Verfahrens überzeugt sind. Beim Clustering sind vielmehr die rechte Hemisphäre und die ihr zugesprochenen kreativen Eigenschaften gefragt. Diese Einsicht zu vermitteln ist Aufgabe des Moderators.

3.7 Mind Mapping

Diese von Tony Buzan geprägte kreative Technik wird heute in vielen Bereichen zur Aufzeichnung assoziativer Strukturen bei der Ideenfindung eingesetzt.

> Da Denkprozesse keine linearen Vorgänge sind, entspricht Mind Mapping in besonderem Maße dem menschlichen Denken.

Als Arbeitstechnik kann sie unter Aktivierung der Leistungen beider Hemisphären des Gehirns die assoziativen Strukturen individuellen Denkens greifbar machen. Dabei werden auch die individuellen Verknüpfungen sichtbar gemacht. Zwischen verschiedenen Gedankengängen kann hin und her gesprungen werden, Gedanken können sich gegenseitig inspirieren und all dies in organischer Form gefördert und gesichert werden.
Die Einsatzbereiche sind dabei sehr vielfältig und auch lineare Aufgaben können mit Mind Mapping sehr gut gemeistert werden. So reichen die Möglichkeiten von ganz unterschiedlichen Planungsaufgaben wie z.B. Wochenplanarbeit und Moderation oder als Stichwortzettel für Rede oder Kurzvortrag bis hin zur Vorbereitung und Strukturierung von Diplomarbeiten.

Aufbau und Verlauf des Mind Mappings

Auf einem entsprechend großen Blatt wird im Querformat in die Mitte des Mind Map der Begriff oder das Problem geschrieben, um das es geht oder ein Symbol dafür verwendet. Von diesem Kern gehen Zweige ab, an denen jeweils ein Begriff für ein Unterthema steht.
An den einzelnen Verzweigungen ist möglichst jeweils nur ein einzelner Begriff oder eine einzelne Darstellung zu finden. Alle diese Begriffe stehen stellvertretend für die Gedanken, die für den Ersteller damit verbunden sind. Wenn es nicht mit einem Wort geht, können auch kurze Formulierungen, Bilder oder Symbole verwendet werden. Von den Hauptarmen können immer weitere Nebenarme wie Äste eines sich in alle Richtungen verzweigenden Baumes abgehen.
Durch den Einsatz von Farben können Übersichtlichkeit und Anschaulichkeit zusätzlich gesteigert werden, indem die Unterthemenzweige unterschiedliche Farben erhalten.
Grafische Elemente wie Bildsymbole machen es dem Gehirn noch leichter die Darstellung schnell zu erfassen.
Leicht ist so zu erkennen, welche Gedanken schon weiter und welche noch weniger entwickelt sind und auch die Zusammenhänge werden schneller erkannt.

Mind Mapping

Entwickeln Sie eine kreative Gedankenlandkarte

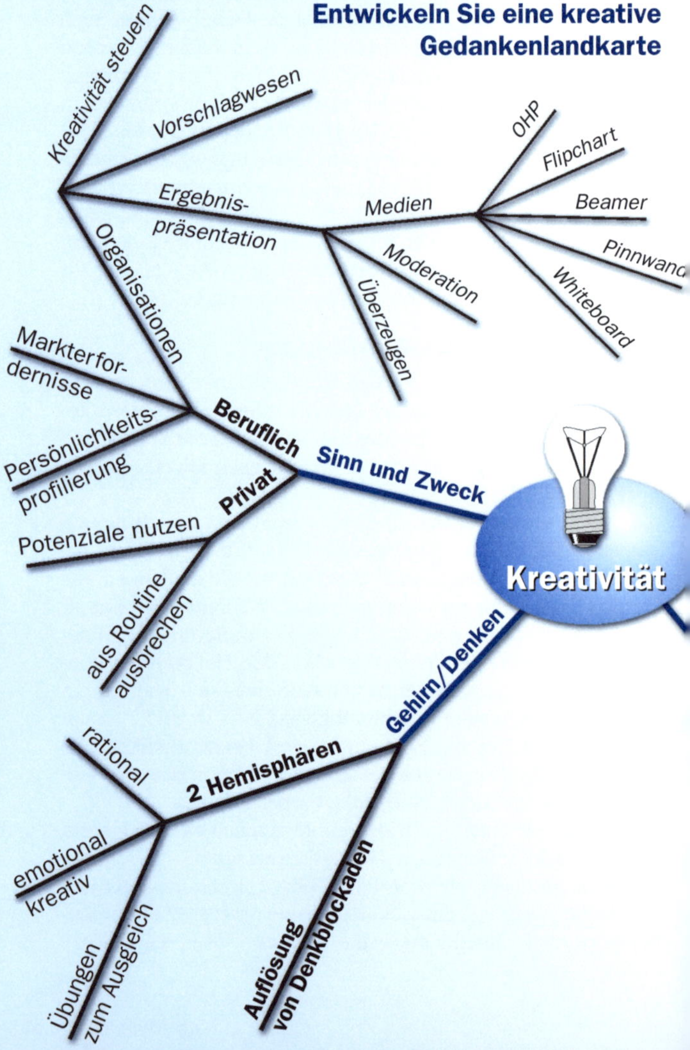

Mind Mapping ist besonders geeignet, die nicht linearen Prozesse des menschlichen Denkens in geordneter Form zu stimulieren und zu visualisieren.
Hier als Beispiel ein Mind Map zum Thema Kreativität, das Inhalte und Struktur dieses Buches widerspiegelt.

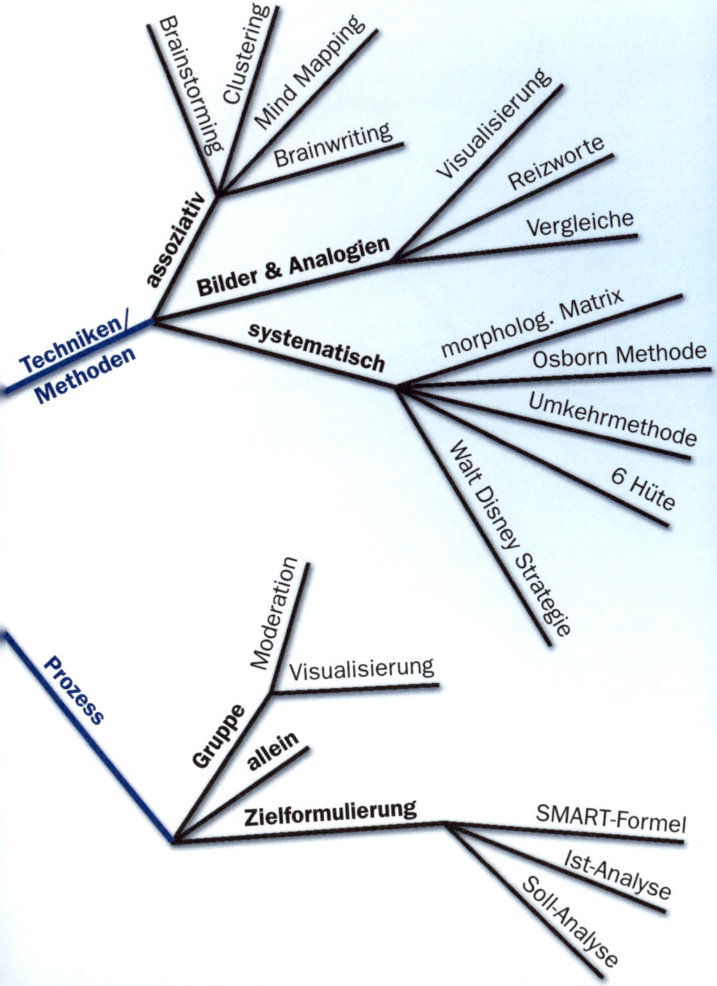

Auf diesen Linien notieren Sie Details oder weitere Ideen, die mit dem Gedanken des Hauptastes zusammenhängen. Dabei folgen Sie einfach den jeweiligen Gedanken und Impulsen, um das Mind Map wachsen zu lassen. Malen Sie im Mind Map ruhig bunt herum, umranden und verzieren Sie die Elemente, um sich weiter damit zu beschäftigen. Ein Mind Map lebt und kann jederzeit erweitert werden. Sammeln Sie zuerst alle Gedanken und bewerten diese erst in der folgenden Phase.
Mitunter kann es sinnvoll sein ein Mind Map erneut zu zeichnen, um bei der Neugestaltung weitere Erkenntnisse zu gewinnen. Das Ergebnis ist jedes Mal ein vollkommen einzigartiges Mind Map.

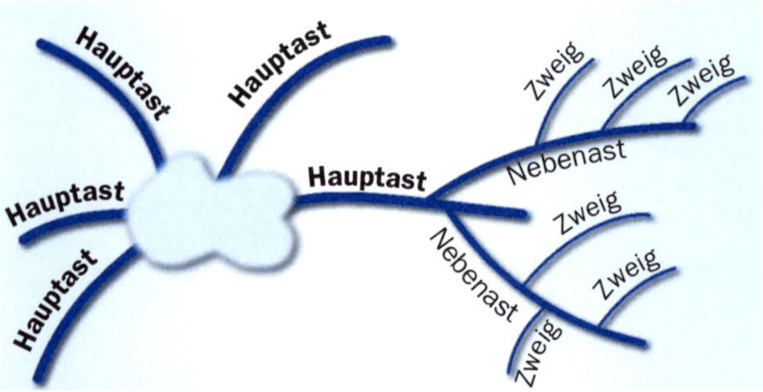

Von den Hauptarmen des Mind Maps gehen immer weitere Nebenarme wie Äste eines sich in alle Richtungen verzweigenden Baumes ab

Anmerkungen

Eher rationale Zeitgenossen akzeptieren im Erstkontakt die Mind Map-Technik manchmal weniger als andere systematischer anmutende Methoden.
Dieser erste Eindruck täuscht allerdings. In der Tat ist die Verwendung von Mind Mapping etwas gewöhnungsbedürftig. Der Grund dafür ist, dass die lineare Sicht der Dinge und das damit verbundene Vorgehen als Paradigma weit verbreitet ist. Wir alle sind letztlich durch die Schule und andere Einrichtungen

darauf konditioniert, linear und in listenförmigen Strukturen zu arbeiten, obwohl dies gerade nicht dem Ablauf menschlichen Denkens entspricht. Die ursprünglichen Gedankenvollzüge müssen vielmehr erst in eine lineare Struktur „übersetzt“ werden, was zur Folge hat, dass Informationen verloren gehen bzw. eine völlig andere Qualität entsteht.
Obwohl ein Mind Map im Grunde sehr strukturiert und geordnet ist, kann es aus diesen Gründen vom ungeübten Betrachter als unübersichtlich, konfus und verwirrend empfunden werden.
Während das Clustering (siehe Kap. 3.6) ganz vom Prozess der freien Assoziation lebt, entwickelt das Mind Mapping sinnvoll aufeinander aufbauende Assoziationsäste, die sich strukturiert immer detaillierter weiter verzweigen. Man kann hier also immer tiefer in eine Problematik eindringen, ohne dabei Gefahr zu laufen den Überblick zu verlieren.
Um sich mit einem solchen assoziativen Verfahren überhaupt vertraut zu machen, kann es für den Anfang empfehlenswert sein, erst einmal mit dem einfacheren Clustering persönliche Erfahrungen zu sammeln.
Die Aussage eines in der Gruppe erstellten Mind Maps ist höchst konsensfähig, da Bedeutung und Struktur von allen Gruppenmitgliedern gemeinsam entwickelt und visualisiert worden sind. Die Mind Map-Technik eignet sich daher besonders zur Bearbeitung von komplexeren Thematiken.

Manche Menschen ziehen es vor ihre Mind Maps am Computer zu erstellen. Hierzu wird auch entsprechende Software angeboten, die zahlreiche weitere sinnvolle und auch weniger sinnvolle Möglichkeiten mit sich bringt. Zu den sinnvollen Funktionen gehören beispielsweise die Clip Art-Sammlungen, mit denen das Mind Map visuell angereichert werden kann.
Die Verwendung von Software-Werkzeugen hat den Vorteil, dass Änderungen leichter umzusetzen sind und das Ergebnis auch für andere Menschen besser lesbar sein kann. Ein solches elektronisches Mind Map kann beispielsweise auch per E-Mail

an verschiedene räumlich getrennte Adressaten versandt werden, die jeweils ihre Ideen eintragen und das Mind-Map dann weiterreichen.
Allerdings ist der kreative Fluss hier ein anderer und der haptische Aspekt des Papiers und der farbigen Stifte fehlt manchen Menschen.
Um die unterschiedlichen Qualitäten kennen zu lernen ist es am besten beide Möglichkeiten auszuprobieren und sich so eine eigene Meinung zu bilden.

3.8 Morphologische Matrix

Eine strategische Herangehensweise der Ideenfindung bietet die Denkmethode der morphologischen Matrix. Diese dem Schweizer Astrophysiker Fritz Zwicky zugeschriebene Methode ermöglicht es den gesamten Umfang einer Aufgabe zu überschauen, alle Möglichkeiten aufzulisten, durchzuspielen und sich leichter für die richtige Variante zu entscheiden.
Die morphologische Matrix basiert auf einer Analyse, bei der das Problem in kleinere Einheiten aufgespalten wird. Für jedes Teilproblem wird eine Teillösung entwickelt, um dann alle Teillösungen wieder zu einer Gesamtlösung zu kombinieren.

Verlauf der Methode morphologische Matrix

Das Problem und die Aufgabenstellung werden definiert. Die einzelnen Problemelemente werden dann in Unterprobleme zerlegt. Die Eigenschaften dieser Elemente oder bestimmte Fragestellungen werden auf der linken Seite eines Blatt Papiers notiert und auf der rechten Seite entsteht ein Raster, in das die entsprechenden Eigenschaftsausprägungen oder Lösungsalternativen eingetragen werden.
Wichtig ist die genaue Beschreibung oder Definition sowie die zweckmäßige Verallgemeinerung eines vorgegebenen Problems.
Nachfolgend sind alle für die Lösungen des vorgegebenen Problems relevanten Umstände zu ermitteln.

Eigenschaften	**Merkmalsausprägung**					
Antrieb	manuell	**elektrisch über Netzanschluss**	elektrisch mit Batterie	mit Verbrennungsmotor		
Schneidwerk	einzelne Klinge	mehrere rotierende Klngen	Schneidketten	**ein oder mehrere Sägeblätter**	Schneid- oder Sägescheibe	Schneidstrahl
Art des Fahrgestells	**Teleskopgestell**	Klappgestell	fest stehendes Fahrgestell	Steckgestell		
Art der Führung des Fahrgestells	manuell	auf Schienen	**mit Richtschnur**	über optischen Leitstrahl	mit Abstandhalter	elektronisch
Wirkbereich des Schneidwerks	Teilhöhe der Heckenseite	komplette Heckenhöhe	nur Oberkante	Seite und Oberkante	**Ringsumwirkung**	

Beispiel einer morphologischen Matrix zur Entwicklung einer fahrbaren Heckenschneideeinrichtung (die jeweils präferierte Lösung ist in blauer Schrift dargestellt)

In der auf dieser Grundlage erstellten morphologischen Matrix finden sich dann alle oder doch möglichst viele der prinzipiell denkbaren Lösungselemente des vorgegebenen Problems.
Die so entwickelten Lösungen werden auf der Basis bestimmter ausgewählter Kriterien analysiert. Ziel ist es die optimale oder konsensfähige Lösung zu finden.
Ein Durchlauf dauert ungefähr eine Stunde bei 1 bis 7 Teilnehmern.

3.9 Morphologischer Kasten

Verwendet man nicht nur zwei Dimensionen von Merkmalen und Merkmalsausprägungen, sondern werden drei Dimensionen besetzt, spricht man vom „Morphologischen Kasten“.

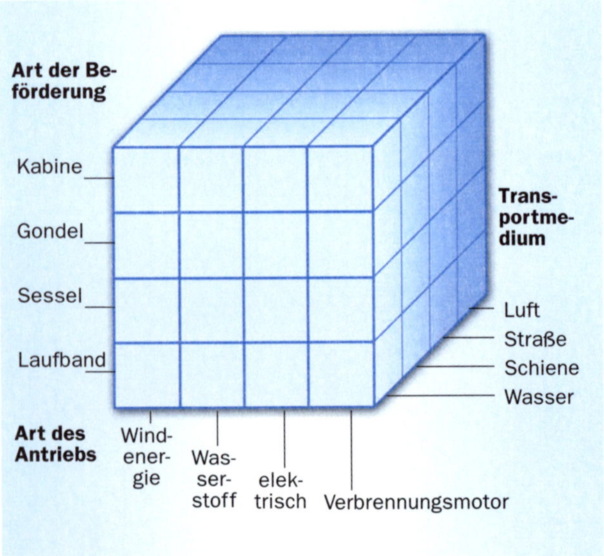

Morphologischer Kasten für die Entwicklung eines Fahrzeuges

Besser als mit der zweidimensionalen Matrix lassen sich mit dem dreidimensionalen Kasten komplexe Beziehungszusammenhänge darstellen und entsprechende Kombinationen beurteilen.
Die Methode ist entsprechend der morphologischen Matrix mit der zusätzlichen Dimension durchzuführen.

3.10 6-Hüte nutzen

Bei dieser Methode, die in der hier dargestellten Form Edward de Bono zugeschrieben wird, wird die Lösung von verschiedenen Seiten her angegangen. Das Prinzip kann sowohl von Einzelpersonen als auch in Gruppen genutzt werden und ist auch für komplexe Probleme geeignet, um zusätzliche Perspektiven zu gewinnen.

Verlauf der Methode 6-Hüte nutzen

Im Laufe der Arbeit setzen die Beteiligten je nach Art des Zugriffs auf das Problem symbolisch sechs verschiedenfarbige Hüte auf. Jeder einzelne dieser Hüte steht für eine bestimmte Perspektive der Problembewältigung. Die Hüte können gewechselt werden, um die damit verbundene Sicht der Dinge zu nutzen und ein Problem von allen möglichen Betrachtungsweisen her anzugehen.
So werden nacheinander dabei verschiedene Standpunkte eingenommen, kennen gelernt und so die eigene Sichtweise erweitert.

- Der weiße Hut steht für analytisches Denken, Objektivität und Neutralität. Wer ihn aufsetzt, sammelt Informationen, ohne diese zu bewerten. Es zählen nur Fakten und Zahlen, keine Emotionen und Urteile, sodass die persönliche Meinung hier vollkommen unwichtig ist.
- Der rote Hut steht für persönliche Empfindungen und die subjektive Meinung. Alle Gefühle, die positiven wie die negativen, werden dabei zugelassen, auch wenn die Äußerungen diffus ausfallen.

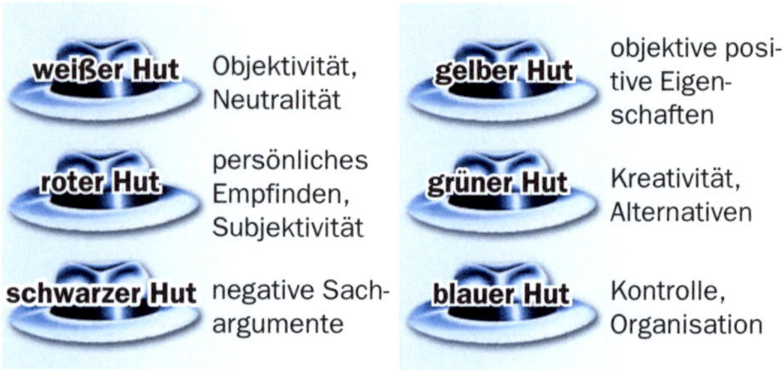

Die sechs verschiedenfarbigen Hüte symbolisieren verschiedene Zugangsweisen in Bezug auf eine Problemstellung

- Der schwarze Hut steht für alle sachlich-rationellen Argumente, die Zweifel, Bedenken, Risiken ausdrücken. Es geht dabei aber nicht um Gefühle.
- Der gelbe Hut steht für die objektiven positiven Eigenschaften, d.h. Chancen und Vorteile, Hoffnungen und Ziele, also alle Aspekte, die für die Entscheidung sprechen.
- Der grüne Hut steht für neue Ideen, Kreativität und Alternativen über das Bestehende hinaus. Provokation und Widerspruch sind zugelassen, was stets zu neuen Ideen führt, egal wie verrückt oder unwahrscheinlich diese erscheinen. Es sind keine kritischen Bemerkungen dabei erlaubt.
- Der blaue Hut steht für Ordnung, Kontrolle und Organisation, den Überblick und bringt die einzelnen Ergebnisse aus einer Metaposition heraus zusammen.

Einzelpersonen können die Hüte nacheinander aufsetzen, um sich symbolisch auf die jeweilige Sichtweise einzustimmen. Wichtig ist, sich die jeweiligen Eindrücke und Ergebnisse etc. zu notieren.
Bei Gruppen ist vorher sicherzustellen, dass gut protokolliert oder eine andere geeignete Aufzeichnungsmethode gewählt wird. Dann werden die Hüte unter den Teilnehmern aufgeteilt.

Anmerkungen

Um es den Teilnehmern einfacher zu machen, in ihrer jeweiligen Rolle zu bleiben und diese auch den anderen Teilnehmern zu signalisieren, kann es hilfreich sein, die Teilnehmer tatsächlich mit entsprechenden Hüten aus Papier auszustatten oder – wenn das zu verspielt wirken sollte – mit farbigen Platzmarkierungen zu arbeiten.

3.11 Umkehr-Methode

Im Rahmen der Umkehr-Methode werden die Probleme buchstäblich umgedreht, d.h. auf den Kopf gestellt. Statt sich also beispielsweise Gedanken darüber zu machen, wie mehr Kunden gewonnen werden können, machen Sie sich Gedanken, wie Sie Ihre Kunden am besten vergraulen können.
Indem hier die eigenen Prozesse gewissermaßen durch die Brille enttäuschter Kunden betrachtet werden, erweitert sich der Blickwinkel um 180 º, sodass die wirklich innovativen Lösungen oft im Wege stehende Betriebsblindheit überwunden wird. Es geht dabei nicht nur darum, lediglich tatsächlich mögliche oder sinnvolle Umkehrungen zu finden, sondern gerade in provokativen oder auch utopischen und absurden Sichtweisen schlummert oftmals ein großes Verbesserungspotenzial.

Verlauf der Umkehr-Methode

Das Problem bzw. die Zielsetzung wird in Richtung einer diametral entgegengesetzten Sichtweise umformuliert. Für diese Lesart werden dann beispielsweise mittels Brainstorming „Lösungsvorschläge“ gesammelt. Die auf diese Weise gefundenen Ansätze werden anschließend wieder in ihr für die Bewältigung des eigentlichen Ursprungsproblems konstruktives Gegenteil „übersetzt“ und auf ihre Umsetzbarkeit hin überprüft.

Anmerkungen

Den vielfach anfangs auftretenden Teilnehmerwiderständen gilt es gezielt zu begegnen, indem Sinn und Zweck der Umkehrmethode genau erläutert werden. Lassen sich die Teilnehmer erst einmal auf die Vorgehensweise ein, werden oft erstaunliche Ergebnisse entwickelt, die in dieser Form vor dem Hintergrund der üblichen Betrachtungsweise niemals entstanden wären.

3.12 Osborn-Methode

Alexander Osborn, der auch mit der Entwicklung des Brainstormings verbunden ist, hat dieser Methode ihren Namen gegeben.
Sie beruht auf einem Fragenkatalog, der sowohl im Berufs- als auch im Privatleben eingesetzt werden kann und neun Gruppen von Fragestellungen bzw. Betrachtungen umfasst.
Die Osborn-Checkliste ist in der Regel nicht gut geeignet, wenn ein Projekt noch am Anfang steht, sondern eher für die Weiterentwicklung bereits bestehender Ideen gedacht.
Der Fragenkatalog kann um beliebig viele selbst entwickelte Punkte ergänzt werden. Beabsichtigt ist damit, weitere Aspekte zu gewinnen und einen Ausblick auf neue Möglichkeiten zu entwickeln.
Wichtig ist insbesondere, dass jeder Punkt der Liste angesprochen und wirklich konsequent bis zum Ende durchdacht wird. Erst wenn allen Teilnehmern überhaupt nichts mehr zu einer Frage einfällt, wird der nächste Punkt der Liste angegangen. Das Resultat ist oft eine große Anzahl von Rohideen, die dann skizziert und weiterentwickelt werden, bis sich die bevorzugte Lösung herauskristallisiert.

Verlauf der Osborn-Methode

Benennen Sie Ihr Problem und versuchen Sie dann, es unter den genannten Gesichtspunkten mit der Osborn-Checkliste zu analysieren.
So lassen sich beispielsweise für Produkte andere Formen, Funktionen oder Verwendungszusammnhänge entwickeln und Fragestellungen in neue Horizonte stellen.

Checkliste nach Osborn

Anders verwenden:

- Welche Parallelen zu anderen Funktionen/Projekten lassen sich finden?
- Kann die Idee in einen anderen Kontext gestellt / das Produkt anderweitig eingesetzt werden?
- Gibt es eine andere Zielgruppe / einen neuen Verwendungszusammenhang für die bestehende Zielgruppe?

Anpassen:

- Auf welche anderen Konzepte, Ideen oder Lösungen bezieht sich ein Produkt oder eine Problematik?
- Was kann aus der Praxis der eigenen Organisation oder vom Wettbewerb nachgeahmt werden?

Verändern:

- Sind für Produkte andere Gerüche, Farben, Formen und Töne denkbar?
- Lassen sich Lösungen / Ideen in andere Kontexte stellen?

Vergrößern:

- Lässt sich ein Produkt größer, dicker, schwerer, farbiger machen?
- Wie fügt man neue Funktionen oder Bestandteile hinzu?
- Kann ein bestimmter Lösungsansatz zur Bewältigung weiterer Probleme beitragen?

Verkleinern:

- Was kann man bei einem Produkt weglassen ohne die primäre Funktionalität zu beeinträchtigen?
- Wie macht man es kleiner, niedlicher, kompakter, kürzer?
- Welche Minimal- oder Teillösung ist denkbar?

Umformen/ersetzen:

- Kann man die Bestandteile neu gruppieren?
- Die Reihenfolge verändern?
- Was lässt sich austauschen?
- Welche Lösungsvarianten sind substituierbar / lassen sich anders kombinieren?

Umkehren/Umstellen/ins Gegenteil verkehren:

- Wie erreicht man das Gegenteil?
- Kann die Reihenfolge geändert werden?
- Wie kann man Ursache und Wirkung vertauschen?

Kombinieren:

- Lässt sich ein Problem durch die Kombination verschiedener Lösungsvarianten besser bewältigen als mit einem einzigen Lösungsansatz?
- Ist bei Produkten eine Mischung verschiedener Bauteile möglich?
- Lassen sich unterschiedliche Ideen verbinden?
- Ist das Projekt in Bausteine zu zerlegen?

Transformieren:

- Lässt sich ein Produkt ausdehnen, verflüssigen, durchlöchern?
- Kann ein Lösungsansatz, eine Idee in einen völlig anderen Kontext gestellt werden?

3.13 Walt-Disney-Methode

Die Walt-Disney-Methode hat sich als sehr wirkungsvolle Kreativitätsstrategie bewährt. Genutzt wird eine besondere Art und Weise in verschiedenen Zuständen zu denken und aus verschiedenen, sich hilfreich ergänzenden Perspektiven nützliche Erkenntnisse zu gewinnen.

Wahlweise können die drei Sichtweisen Träumer, Kritiker und Realist eingenommen werden, für die auch ein eigener Raum bzw. eine Rolle geschaffen wird. Dies kann tatsächlich räumlich umgesetzt, mit entsprechenden Hilfsmitteln angedeutet werden oder virtuell geschehen.
Dem Begründer dieser Kreativitätstechnik, Walt Disney, wird nachgesagt, dass er für jede dieser Rollen einen eigens ausgestatteten Raum eingerichtet hat, den er auch aufsuchte, wenn die entsprechende Rolle angebracht war.
Während der Raum des Realisten nüchtern war und die Möblierung auf das Notwendigste beschränkt blieb, war der Raum des Träumers üppig, phantasivoll und auf das Bequemste eingerichtet. Der Raum des Kritikers soll dagegen lediglich mit 2 Reihen gegenüber angeordneten Stehpulten ausgestattet gewesen sein. Das jeweilige Ambiente dieser Räume sollte gewissermaßen auf die Einstellung der darin agierenden Personen abfärben.

- Der Träumer ist für Ideen, Richtungen und Visionen zuständig. Vor allem visuell orientiert entwirft er entsprechende Zukunftsbilder. Er erlebt sich selbst im Zustand des Phantasten und imaginiert Zukunftsprojektionen, in denen er sich selbst in positive und wünschenswerte Situationen versetzt.
- Dem Realisten obliegt dagegen die Umsetzung. Er vollzieht nach, was der Träumer sich als Zukunftsbild vorgestellt hat und simuliert dies, als wäre es schon in der Gegenwart geschehen. In seiner Simulation entwickelt er einen konkreten Plan für die Realisierung der Ideen und Visionen des Träumens. Er denkt systematisch und erstellt einen logisch strukturierten Plan, in dem er z.B. ein Ziel in Unterziele aufteilt, die wichtigsten Schritte ermittelt, Aufgaben festlegt und verteilt. Der Realist ist vor allem rational orientiert und überprüft das Zukunftsbild des Träumers.
- Der Kritiker hinterfragt das Ganze, nimmt Ideen auseinander und setzt sie wieder zusammen. Der Fokus ist darauf gerichtet, was realistisch machbar ist und was nicht.

Die Rolle des Kritikers ist eine Art Meta-Position, von der aus der bisher entwickelte Plan überprüft wird. Mit etwas Abstand zum eigenen Vorhaben wird nüchtern überprüft, ob irgendetwas vergessen wurde und ob es Umstände und Einflüsse gibt, die die Durchführung des Planes verhindern könnten.
Der Kritiker arbeitet vor allem auf dem auditiven Kanal und aktiviert den inneren Dialog, das heißt er hört dem Träumer und dem Realisten zu, nimmt seine inneren Stimmen wahr und fragt sich, was alles noch verbessert werden kann. Dieser Zustand hat viel mit der Vergangenheit zu tun, weil hier vor allem Erfahrungen aus der Vergangenheit aktiviert werden.

Jede der drei Rollen hat ihre ganz spezifische Bedeutung. Während im Alltagserleben die Rollen verschwimmen und sich gegenseitig behindern gilt es hier, sie in Reinform zur Geltung kommen zu lassen.
Jeder dieser Zustände kann als eigenständiger Teil des Unterbewusstseins definiert werden. Bei erfolgreichen Personen

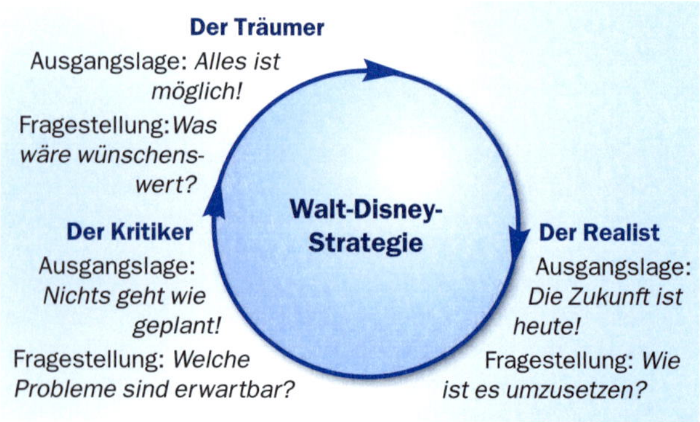

Die Walt-Disney-Strategie integriert unterschiedliche Sichtweisen auf ein Problem

wurde festgestellt, dass sie die drei Zustände klar voneinander trennen und allen drei Haltungen denselben Stellenwert zumessen.
Viele Menschen leben in bestimmten Kontexten eine dieser Rollen besonders aus. Manche Menschen haben beispielsweise eine Affinität zur Rolle des Träumers, sodass es ihnen leicht fällt, viele Ideen zu entwickeln. Oft sind solche Menschen sehr begeisterungsfähig, werden jedoch seltener etwas praktisch umsetzen.
Andere Menschen bevorzugen dagegen eher den Realisten und sind sehr konsequent bei der Erledigung von Aufgaben, jedoch oft nicht so kreativ dabei neue Lösungen zu finden.
Die Rolle des Kritikers wird im Vergleich oft geringer geschätzt. Doch er ist es, der den Fokus auf entstehende Probleme richtet und schnell erkennt, warum etwas nicht geht, was fehlt und was man noch besser machen könnte.
Im Rahmen der Teamarbeit ist dieses Wissen hilfreich, um die beteiligten Menschen entsprechend ihren Fähigkeiten einzusetzen und zu fördern. Die Walt-Disney-Technik hilft zum Beispiel den üblichen Streit zwischen Träumern und Kritikern zu verstehen, konstruktiv zu nutzen und jede Rolle zu würdigen.

Verlauf der Walt-Disney-Strategie

Entweder wird für jede Rolle ein passender eigener Raum vorbereitet oder im Rahmen der Möglichkeiten werden drei Plätze gewählt und gekennzeichnet.
Nacheinander nehmen alle Teilnehmer die drei Plätze im Verlauf ein.
Hilfreich ist es sich mit folgenden Fragen auf die jeweilige Rolle einzustimmen:

- *An welche Situationen kann ich mich erinnern, in denen ich einmal richtig kreativ/realistisch/kritisch war?*
- *Was habe ich da gesehen, gehört, gefühlt?*
- *Wie war meine Körperhaltung?*

Genutzt wird, was auch immer den Zustand intensiviert.

In der ersten Runde geht es darum, zunächst einmal ein allgemeines Problembewusstsein zu schaffen.
Der Träumer beginnt und imaginiert wünschenswerte Zustände, die er den anderen Teilnehmern möglichst detailliert beschreibt. Der Verteter des Realisten versetzt sich in den Zustand des Machers und teilt den anderen seine Überlegungen mit. Abschließend bekommt der Kritiker Raum und trägt den anderen seine Bedenken vor. Die Rolle des Kritikers ist zugleich eine Metaposition, die es ermöglicht zu beurteilen, ob alle drei Rollen gleichermaßen genutzt wurden oder ob es noch etwas hierfür braucht.
Zwischen den einzelnen Rollenübernahmen folgt jeweils eine kurze Pause, die auch als Separierung bezeichnet wird, da es hier darum geht, sich vor dem Einnehmen der nächsten Rolle von der vorherigen vollkommen zu trennen.

In der zweiten Runde definieren und präzisieren Sie das Problem bzw. die Zielstellung im Detail.
Wenn Sie nun in den Raum des Träumers treten, aktivieren Sie alles, was Ihnen für diesen Zustand zur Verfügung steht und nutzen dazu die folgenden Fragen:

- *Welche Phantasien und Visionen habe ich hier?*
- *Was wünsche ich mir hier?*

Nehmen Sie alles auf, was Ihnen in den Sinn kommt ohne es zu bewerten. In dieser Phase ist einfach alles möglich!
… kurze Pause …

Betreten Sie nun den Raum des Realisten und intensivieren Sie den damit verbundenen Zustand mit folgenden Fragen:

- *Was für Fähigkeiten habe ich bereits, um das Ziel zu verwirklichen?*
- *Welche Menschen oder Dinge benötige ich noch, damit auch wirklich alles funktioniert?*
- *Was sind die nächsten Schritte in meiner Planung bzw. meiner Umsetzung?*

… kurze Pause …

Es folgen der Kritiker und der damit verbundene Zustand.

- *Was halte ich als Kritiker von den Vorstellungen des Träumers und des Realisten?*
- *Was haben die anderen beiden übersehen?*
- *Was muss ergänzt werden?*

Betrachten Sie aus der Metaposition, was Träumer, Realist und Kritiker entwickelt und gesagt haben. Prüfen Sie, ob die Positionen jeweils wirklich mit der eigenen Aufgabe beschäftigt (träumen, realisieren, kritisieren) waren und überlegen Sie sich gegebenenfalls Korrekturen.

In einer dritten Runde betreten Sie erneut vor dem Hintergrund der veränderten Sichtweisen und gewonnenen Erkenntnisse der Kritik den Raum des Träumers und imaginieren dort eine veränderte und noch bessere Lösung.
Es folgt der Schritt in den Raum des Realisten, in dem Sie nun die notwendigen Schritte für die Umsetzung planen.
Dann gehen Sie wieder in den Raum des Kritikers, in dem noch einmal alles kritisch durchdacht und durchleuchtet wird.

Dieser Prozess wird so lange durchlaufen bis eine befriedigende und realistische Lösung gefunden wurde.

3.14 Visualisierung

Bei der Visualisierung stellen Sie sich in Gedanken ein positives Bild des gewünschten Ergebnisses vor. Nutzen Sie Ihre Vorstellungskraft und imaginieren Sie möglichst konkret und mit möglichst vielen Details, wie das Ergebnis aussehen soll. Malen Sie sich in den schönsten Farben aus, wie es sein wird, wenn Sie das Ziel erreicht haben. Erlauben Sie sich hier ruhig in einen Zustand des Tagträumens zu verfallen.
Üben Sie Ihre Vorstellungskraft, lassen Sie in Ihrer Vorstellung Filme laufen. Sie haben dabei die Fernbedienung in der Hand; Sie können sie anhalten, wann immer Sie wollen, Ihren Film nochmals von vorne starten, überarbeiten, schneiden, die Ak-

teure auswechseln, neu drehen. Tun Sie das so lange, bis Ihnen das Ergebnis wirklich in allen Einzelheiten gefällt.
Wenn Sie meinen, dass Ihre visuelle Vorstellungskraft etwas Übung gebrauchen kann, trainieren Sie Ihren visuellen Sinneskanal. Eine beliebte Übung besteht darin, sich Dinge zu betrachten (Wolken, Bäume, Wasser) und sich ganz konzentriert dabei vorzustellen, wie sie geformt sind, wie sie sich verändern, welche Muster Sie darin erkennen, welches Bild vor Ihrem geistigen Auge entsteht, wenn Sie die Augen schließen.

Anmerkungen

Neben dem Entwickeln von Ideen versetzt Sie diese Technik auch in eine positive Disposition für die Umsetzung. So ist erwiesen, dass sich Personen, die in ihrem „inneren Kino" bewusst und wiederholt Erfolgsfilme über erstrebenswerte Zustände laufen lassen, ihre Ziele eher erreichen als Personen, die sich gar nichts vorstellen oder die Dinge gar negativ betrachten. Solche imaginierten Erfolgsfilme fördern die Bereitschaft und die Kräfte, die vorgestellten Zustände auch wahr werden zu lassen.

3.15 Bisoziation

Die Technik der Bisoziation geht auf den Kulturphilosophen Arthur Koestler zurück, der mit diesem Kunstwort die Fähigkeit beschrieb in verschiedenen Bezugsrahmen denken zu können, die zum Beispiel auch im Zusammenhang mit dem „Aha-Effekt" beim Verstehen von Witzen oder spontanen Einsichten zum Tragen kommt.
Während die Assoziation Gegenstände und Gedanken miteinander verbindet, die zu einem zusammenhängenden Bezugsrahmen gehören, verknüpft die Bi(-as)soziation Elemente aus verschiedenen Bezugskontexten, die inhaltlich nichts miteinander zu tun haben.
Als Kreativitätstechnik macht sich die Bisoziation den Umstand zu nutze, dass man im Rahmen dieses „Doppel-Denkens"

eine Situation oder ein Problem vor dem Hintergrund zweier von einander unabhängigen Bezugsrahmen gleichzeitig wahrnimmt und so gewissermaßen gezwungen ist, die eingefahrenen Denkgleise zu verlassen.
Um Bisoziationen hervorzurufen werden bildhafte Vergleiche genutzt. Es kommt eine Bildersprache zum Einsatz, bei der Dingen bestimmte Eigenschaften zugeordnet werden. So können neue Perspektiven gewonnen werden, denn eine bildhafte Sprache macht es leichter, die innere Vorstellungswelt zu stimulieren. Der Vorbereitungsaufwand für Bisoziation ist gering.

Verlauf der Methode Bisoziation

Vor dem eigentlichen Start ist ein geeigneter Rahmen für schöpferische Prozesse zu schaffen.
Das Problem bzw. die Zielsetzung wird als eindeutige Fragestellung formuliert.
Dann werden Bilder, Fotos, Zeitungsausschnitte etc. gezeigt, die von der Problemstellung inhaltlich möglichst weit entfernt sind. Aus diesem Fundus wird ein Exemplar ausgewählt, das dann so präsentiert wird, dass es alle Teilnehmer genau betrachten können.
Nun assoziieren die Teilnehmer schlagwortartig und frei ihre Eindrücke zu diesem Bild. Alle hier auftauchenden Gedanken werden vom Moderator auf Karten notiert, die an eine Pinnwand gehängt werden. Jeder Eindruck ist es wert festgehalten zu werden.
Erst nach dieser Assoziationsrunde rückt die Ausgangsfrage wieder in den Vordergrund. Die Teilnehmer werden nun aufgefordert Lösungsvorschläge zu entwickeln, indem sie versuchen, das Ausgangsproblem mit den zu dem Bild assoziierten Eindrücken in Verbindung zu bringen.
Gerade durch die Unvereinbarkeit der unterschiedlichen Bezugsrahmen von Ausgangsfrage und Bildeindrücken werden hier sehr kreative und unkonventionelle Vorstellungen entwickelt, die ebenfalls festgehalten werden.

Abschließend werden die gefundenen Ideen präsentiert und im Hinblick auf ihre Umsetzbarkeit bewertet.

Anmerkungen

Es ist hilfreich vielschichtige und vielleicht auch doppeldeutige, also für Assoziationen förderliche Bilder anzubieten, die inhaltlich weit genug von der eigentlichen Ausgangsfrage entfernt sind.
Die Teilnehmer sollten ermutigt werden auch außergewöhnliche oder absurde Vorstellungen zu äußern, um so den kreativen Prozess zu fördern.

3.16 Reizworttechnik

Die Reizworttechnik verknüpft ebenfalls Dinge miteinander, die auf den ersten Blick nichts miteinander zu tun haben. Benötigt werden Zettel, Stift und ein Lexikon. Durchgeführt werden kann die Methode von einzelnen Personen oder in einer Gruppe.

Verlauf der Methode Reizworttechnik

Das Problem bzw. die Zielsetzung wird definiert. Dann wird ein Lexikon auf einer beliebigen Seite aufgeschlagen und spontan ein Begriff gewählt. In der Gruppe ist es sinnvoll sich vorab auf eine Seite und die Stelle, an der das Reizwort stehen soll, zu einigen.
Sammeln Sie nun alle Eigenschaften, die Sie mit diesem Reizwort verbinden und übertragen diese dann anschließend auf Ihr Ausgangsthema.
Wie bei der Bisoziation liegt der kreative Effekt darin, dass hier Kontexte miteinander verbunden werden, die inhaltlich keine Gemeinsamkeiten aufweisen.
Wenn als Reizwort beispielsweise der Begriff „Briefbeschwerer“ festgelegt wird und das Ziel die Entwicklung neuer Produktvarianten für den Klassiker „Bleistift“ ist, könnte sich etwa folgende Gegenüberstellung ergeben:

Eigenschaften des Briefbeschwerers	davon abgeleitete Eigenschaften von Bleistiften
◆ meist schwer	◆ Bleistifte in verschiedenen Gewichtsklassen zur Kräftigung der Handmuskulatur
◆ sehr vielfältige Formen	◆ Bleistifte in verschiedenen Formen
◆ von klassisch bis modern	◆ Bleistifte in verschiedenen Stilarten
◆ viele verschiedene Materialien	◆ Bleistifte aus verschiedenen Materialien (Holz, Stein, Leder, Metall etc.
◆ zusätzliche Funktionen	◆ Bleistifte mit zusätzlichen Funktionen (Lineal, Kamm etc.)
◆ mit Werbeaufdruck	◆ Bleistifte als Werbeträger
◆ ...	◆ ...

Die Eigenschaften des Briefbeschwerers werden also adaptiert, um neue Modelle von Bleistiften zu finden.
Mithilfe der Reizworttechnik können mitunter interessante neue Anwendungen bzw. Ideen auch unter Verwendung weiterer Kreativitätstechniken gefunden werden.

3.17 Zukunftswerkstatt

Die Zukunftswerkstatt geht auf die Zukunftsforscher Robert Jungk und R. Müller zurück. Sie soll die Phantasie fördern, um ganzheitlich neue Ideen und Ansätze vor allem für komplexere Problemstellungen zu finden. Sie bedarf einer intensiven Vorbereitung und professioneller Moderatoren, was sie auch für ungeübte Teilnehmer geeignet macht.

Eine Zukunftswerkstatt kann gut an einem Tag, besser an zwei Tagen, wie z.B. an einem Wochenende, durchgeführt werden. Da sie sehr handlungsorientiert ausgerichtet ist, sollte die Teilnehmerzahl auf maximal 25 Personen begrenzt bleiben.
Damit Zukunftswerkstätten nicht zu reinen „Sandkastenübungen" verkommen, sondern hier beschlossene Maßnahmen auch wirklich umgesetzt werden, sollten die Beteiligten auch nach der Veranstaltung miteinander in Kontakt bleiben. Durch die Vergabe von „Ideenpatenschaften" kann die Verantwortlichkeit für bestimmte Maßnahmen auf ausgewählte Schlüsselpersonen übertragen werden.
Zukunftswerkstätten sollten keine einmaligen Veranstaltungen bleiben, sondern in bestimmten Abständen mit gleichem Teilnehmerkreis wiederholt werden, damit der kreative Prozess im Fluss bleibt und aktuellen Entwicklungen kontinuierlich Rechnung getragen werden kann.

Verlauf der Methode Zukunftswerkstatt

Der Prozess gliedert sich in drei Hauptphasen:

- Kritik- und Beschwerdephase
- Ideen-, Phantasie- und Utopiephase
- Umsetzungs-, Verwirklichungs- und Praxisphase

In der Beschwerdephase haben die Teilnehmer Gelegenheit, ohne Zwang alle kritischen Gedanken und negativen Impressionen zum gewählten Thema zu äußern. Diese Beiträge können beispielsweise mittels Kartentechnik (siehe Kap. 3.4) gesammelt und im Plenum dargestellt werden.
In der Phantasie- und Utopiephase wird die Kreativität der Teilnehmer für wünschenswerte Lösungen aktiviert, indem z.B. Satzanfänge wie *„Es wäre schön, wenn ..."* vervollständigt werden. Hier können auch weitere Kreativitätstechniken eingesetzt werden. Die Ergebnisse werden dann entsprechend strukturiert und präsentiert.
In der Verwirklichungs- und Praxisphase werden die Gedanken und Ergebnisse aus den ersten beiden Hauptphasen betrachtet, um zu klären, was realisierbar ist.

Sind Maßnahmen konsensfähig und werden beschlossen, folgt ein weiterer Durchlauf, um so einen Kreislauf zu initiieren, in dem Zielbild und Ist-Situation miteinander abgeglichen werden.

3.18 Wunderfrage

„Stellen Sie sich vor, es wäre über Nacht ein Wunder geschehen und es gäbe das bisherige Problem nicht mehr; woran würden Sie das zuerst erkennen?"
Diese Betrachtung geht auf den Hypnotherapeuten Milton H. Erickson zurück. Steve de Shazer hat daraus später ein ursprünglich in Coaching und Therapie eingesetztes Verfahren entwickelt.
Die Wunderfrage löst die Fokussierung auf das Problem und führt die Gedanken hin zur Lösung.
Leitet ein Moderator die Sitzung, besteht seine Aufgabe darin, den Blick der Teilnehmer auf die Lösung zu richten und das Ziel zu sichern.
Die Betrachtung kann allein und in der Gruppe erfolgen. Besonders dann, wenn das Problem als übermächtig wahrgenommen, Ausweglosigkeit empfunden und kein verlockendes bzw. erreichbares Ziel am Horizont gesehen wird, lohnt sich diese Betrachtung, die anschließend mit anderen Methoden weitergeführt werden kann.

3.19 Open Space

Übersetzt bedeutet Open Space so viel wie „offener Raum". Der Begründer dieser Methode, Harrison Owen, soll auf einer großen von ihm durchgeführten Kongressveranstaltung als wesentliche Rückmeldung Äußerungen von Teilnehmern erhalten haben, die besagten, dass vor allem die in den Kaffeepausen geführten Gespräche hilfreich waren. Sonstige positive Rückmeldungen gab es nicht. Da Owen für diese Veranstaltung ziemlichen Aufwand betrieben hatte, war dieses Feedback

recht ärgerlich, da er als Organisator die Gespräche in den Kaffeepausen nicht beinflussen konnte.
Als er sich näher mit der Bedeutung dieser eher zufälligen Treffen während der Kaffeepausen befasste, hatte er die Idee, die offene und ungezwungene Atmosphäre guter Pausengespräche als zentralen Kern von Workshops systematisch nutzbar zu machen.
Vor dem Hintergrund vielfältiger Erfahrungen, dass starre Abläufe und das Abarbeiten fest fixierter Tagesordnungen kreative Gruppenprozesse eher behindern als ihnen förderlich sind, entstand so das Open Space-Konzept, das einen offenen Rahmen bietet, Menschen mit ihren individuellen Erfahrungen zusammenzubringen und gegenseitig zu inspirieren.
Open Space ist ein Großgruppenverfahren und kann mit 20 aber auch mit 1000 Personen durchführt werden. Je nach Komplexität und Tragweite von Fragestellung und Zielsetzung kann es einen und auch mehrere Tage dauern. Mit der Leitung der Gesamtveranstaltung werden professionelle Moderatoren betraut, während die einzelnen Workshops eigenverantwortlich von den Teilnehmern organisiert und durchgeführt werden.
Eine Open Space-Veranstaltung bedarf gründlicher Vorbereitung. Um auf die Bearbeitung einer Vielzahl möglicher Themen vorbereitet zu sein, sind entsprechende Raumreserven vorzuhalten oder innerhalb eines großen Raumes separate Bereiche abzugrenzen. Wenn möglich sollten an diesen Orten Hilfsmittel wie Pinnwände, Flipcharts, Moderationskarten etc. vorhanden sein. Als Material sind Stifte, Workshopblätter, Papier, Klebeband und speziell erforderliche Arbeitsmittel vorzusehen.
Für die Auswertung der erstellten Materialien sind Computer hilfreich und für die Vervielfältigung der Workshop-Arbeitsblätter und der Protokolle der einzelnen Workshops sollten Kopierer zur Verfügung stehen (die wegen der Geräuschentwicklung in einem eigenen Raum untergebracht sein sollten) oder noch besser Ressourcen in einem gut erreichbaren Kopiercenter eingeplant werden. Jeder Teilnehmer erhält am Tagesende ein Exemplar aller erstellten Protokolle.

Prinzip der Selbstorganisation

Open Space funktioniert nach dem Prinzip der Selbstorganisation. Teilnehmer, die sich selbst organisieren, sind in der Regel motivierter als Teilnehmer, die sich organisieren lassen. Diese Freiheit der Teilnehmer kommt in dem so genannten Gesetz der zwei Füße zum Ausdruck. Jeder kann dementsprechend während des Open Space selbst entscheiden, wann er kommt und wann er geht. Wenn ein Teilnehmer zu der Ansicht gelangt zu einem Thema nichts mehr beitragen oder lernen zu können, kann er eine Interaktion oder einen Workshop verlassen. Ausgenommen vom Gesetz der zwei Füße sind lediglich die Initiatoren eines Workshops, die die Ergebnisse in einem Protokoll zusammenfassen

Nach Owen können sich Teilnehmer wie Hummeln oder wie Schmetterlinge verhalten.

Hummeln sind aktiv und konzentriert. Sie beteiligen sich so lange intensiv an einem Thema, wie sie meinen etwas beizutragen zu haben und machen sich dann gegebenenfalls nach ihrem Beitrag wieder auf den Weg zu einem neuen lohnenswerten Thema. Schmetterlinge dagegen wechseln von Thema zu Thema, sind häufiger auf dem Marktplatz zu finden, trinken dort Kaffee, führen Gespräche haben spontane Ideen und gehen mal hier und mal dorthin.

Die so entstehende Ausgewogenheit zwischen Spezialisten und Generalisten, zwischen Detail und Überblick ist der Garant dafür, dass sich die einzelnen Workshops nicht gegenseitig abschotten, sondern für möglichst vielfältige Einflüsse offen bleiben und Ideen von einer Gruppe in die andere getragen werden. Sowohl Hummeln als auch Schmetterlinge sind also für das Gelingen von Bedeutung, sorgen für kreative Impulse, sind wichtig!

Die folgenden für die Teilnehmer einzigen verbindlichen Grundsätze des Open Space unterstreichen dieses Konzept:

1. Wer kommt, ist der richtige Teilnehmer.
2. Offenheit für das was geschieht, denn es ist genau das Richtige.

3. Es beginnt, wenn die Zeit reif dafür ist.
4. Wenn es vorbei ist, ist es vorbei.

Diese Grundsätze sowie die mit dem Gesetz der zwei Füße verbundenen Implikationen werden während der gesamten Tagung an exponierter Stelle platziert, damit alle Teilnehmer diese Regeln verinnerlichen können.

Verlauf eines Open Space

Zuerst findet ein Treffen im Plenum statt, eine Zusammenkunft auf dem so genannten Marktplatz. Hier werden vom Moderator das Thema, das Verfahren des Open Space sowie die 4 Leitlinien, vorzugsweise in einem von den Teilnehmern gebildeten Halbkreis, präsentiert. Die 4 Grundsätze werden für die gesamte Dauer der Tagung gut sichtbar platziert.
Der Marktplatz ist nicht nur im übertragenen Sinne die zu Open Space inspirierende „Kaffeeecke“, in der auch die so wichtigen allgemeinen Gespräche stattfinden. Um den Prozess zu fördern, stehen dort die ganze Zeit warme und kalte Getränke, Snacks und zum Mittag auch ein Büffet bereit.
Das Verfahren des Open Space wird im Rahmen dieser Einführung vom Moderator nur kurz skizziert, da umfangreiche Erläuterungen an dieser Stelle sich als wenig hilfreich erwiesen haben; Open Space will erlebt werden.
Damit die notwendige Offenheit der Bearbeitung gewahrt bleibt, wird als Oberthema eine vergleichsweise offene Fragestellung gewählt, die entsprechenden Freiraum bietet. Es können durchaus recht komplexe Fragestellungen und auch mit Konfliktpotenzial behaftete Themen angegangen werden.
Jeder Teilnehmer hat eingangs die Möglichkeit einen eigenen Workshop zu einem Thema der persönlichen Wahl anzubieten. Dazu erhält er Gelegenheit, sein Thema der Runde auf dem Marktplatz vorzustellen und dafür Teilnehmer zu gewinnen. Der Anbieter begibt sich in die Mitte des Marktplatzes, stellt dort sein Thema vor und begründet, weshalb es lohnenswert ist sich gerade diesem Thema zu widmen.

Sind alle Themen vorgestellt, wird das gesamte Workshopangebot an einer geeigneten Fläche wie einer Pinnwand mit Uhrzeit und Ortsangabe ausgehangen. Für eine bessere Übersicht ist diese Fläche mit einem Raster für die Zeiten und verfügbaren Räume versehen.
Interessierte können sich nach eigenen Vorlieben zur Teilnahme an den gewünschten Workshops eintragen und ggf. können auch andere Uhrzeiten verhandelt werden. Diese aktive Mitgestaltung durch die Teilnehmer ist gewünscht.
Das Workshopangebot ist beispielsweise auf einem Blatt A 4 im Querformat oder einem größeren Plakat mit folgenden Angaben anzubringen:

- Name/Nummer des Workshops
- Thema /Anliegen
- Anbieter
- Interessenten
- Ort
- Zeit

Auch wenn diese Phase mitunter recht chaotisch wirken mag, ist sie doch unabdingbar für die Motivation des gesamten Prozesses. Der Moderator hat hier entsprechend die Aufgabe, den sicheren Rahmen zu vermitteln.
Zu jedem Workshop gibt es ein Arbeitsblatt, das Raum bietet für Notizen, Skizzen, Mind Mapping und was immer den Teilnehmern sonst einfallen mag. Gegebenenfalls kann auch die Rückseite verwendet oder können weitere Blätter für das spätere Protokoll beigefügt werden.

Nach dieser konstituierenden Phase, die zirka 60 Minuten dauert, beginnen die Workshops. An einem Tag können die jeweils parallel stattfindenden Workshops in vier bis zu acht Staffeln starten. Jeder Workshop dauert zwischen 90 und 120 Minuten. Er wird jeweils dann beendet, wenn es nichts mehr zu sagen gibt. Zeitpläne sind dabei nicht sklavisch einzuhalten.
Sollten sich einmal bei einem der Workshopanbieter keine Teilnehmer einfinden, dann kann dieser seine eigenen Gedanken

zu dem Thema, das ihm am Herzen liegt, auf dem Workshopblatt fixieren.
Die Ergebnisse der Arbeitsgruppe werden jeweils nach Beendigung eines Workshops an einer Nachrichtenwand auf dem Marktplatz veröffentlicht.
Für die Mittagspause sind 90 bis 120 Minuten einzuplanen, da hier das Plenum nochmals unstrukturiert zusammenkommt und sich austauschen kann.
Manchmal gibt es auch eine Meckerrunde, in der angesammelte Frustrationen abgeladen werden können. Auch diese Gelegenheit kann sehr hilfreich wirken, wenn dadurch vorhandene, vielleicht in der Vergangenheit aufgebaute Distanz zu Themen oder Vertretern bestimmter Meinungen vermindert wird. Nach einer solchen reinigend wirkenden Runde ist die Arbeitsfähigkeit und -bereitschaft oftmals viel höher als vorher. Insofern baut ein gut durchgeführtes Open Space auch offene und verborgene Hindernisse ab.
An den Abenden bzw. am Tagesabschluss wird auf dem Marktplatz nochmals der bisherige Prozess betrachtet. Am Ende werden die Ergebnisse umrissen, ausgewertet und Schlussfolgerungen getroffen.
Alle Teilnehmer erhalten üblicherweise am Ende der Tagung eine Dokumentation aller Protokolle der Arbeitsgruppen. Damit verfügen die Teilnehmer dann über eine Fülle an unterschiedlichen Ideen.

Anmerkungen

So einfach der Ablauf des Open Space hier scheinen mag, lohnt es sich doch gerade bei der ersten Durchführung einen guten Moderator zu gewinnen und so die ersten persönlichen Erfahrungen mit professioneller Unterstützung zu sammeln.
Für den verantwortlichen Veranstalter ist die Durchführung eine Herausforderung an seine Einstellung dem Generalthema und sein Vertrauen den Teilnehmern gegenüber. Etwaige persönliche Einwände und Bedenken in Bezug auf zu kontrovers geführte Diskussionen oder Ängste, dass eine Open Space-

Veranstaltung aus dem Ruder laufen könnte, können hier wichtige Aufschlüsse geben.
Zu den Grundvoraussetzungen, die zu beachten und unter gewissen Umständen sicherlich auch auszuhalten sind, gehört erstens die Förderung der Beteiligung und auch der Leidenschaft der Teilnehmer und zweitens, unbedingt jede Form von Druck und Zwang zu vermeiden, um so das Potenzial des Open Space auch wirklich voll auszuschöpfen.

3.20 Kreative Rituale

Keine Methode im eigentlichen Sinne und doch sehr wirkungsvoll ist die Schaffung eigener kreativer Rituale.
Damit beispielsweise gute Ideen nicht verloren gehen, wirken schon ein ständig griffbereites Notizheft und ein Stift wahre Wunder. Manch ein Mensch hat diese sogar neben dem Bett liegen, um eventuelle nächtliche Eingebungen sofort sichern und beruhigt wieder einschlafen zu können.
Weiterhin lohnt es sich, in die Routine des Tagesablaufes feste kreative Freiräume einzuplanen, die sich je nach persönlichen Vorlieben gestalten lassen.
Ernest L. Rossi beschreibt in seinem Buch „20 Minuten Pause", welche Bedeutung Pausen für den Menschen haben. Er geht von einem neunzigminütigen Rhythmus des menschlichen Körpers aus, dessen verschiedene Phasen unterschiedliche Bedeutung haben. Diese Rhythmen von Körper und Geist beeinflussen unsere Konzentration, Kreativität, Phantasie, Vorstellungskraft und viele andere Bereiche. Unsere Kultur beachtet diese Rhythmen heute jedoch noch nicht im notwendigen Umfang. Oft werden sie nicht nur ignoriert, sondern sogar bekämpft. Die negativen Folgen für den eigenen Zustand und damit auch für die kreative Leistungsfähigkeit sind immens.
Beschäftigen Sie sich mit den Möglichkeiten, die sich für Sie hier ergeben oder achten Sie einfach auf sich selbst und das, was Ihnen gut tut. Wann ist die beste Zeit für Ihre kreative Phase und wie können Sie den geeigneten Rahmen dafür schaffen?

3.21 Finden Sie Ihren eigenen Weg!

Das Angebot an Kreativitätstechniken ist riesig. Einige sind leicht einsetzbar und wieder andere erfordern einige Vorbereitung. Für das Verfahren der so genannten Wertanalyse gibt es sogar ein eigenes DIN-Blatt (DIN 69 910).
Wählen Sie aus der Vielzahl der vorhandenen Angebote, kombinieren Sie diese einfach und entwickeln Sie daraus Ihre eigene Kreativitätstechnik. Es gibt viele interessante Möglichkeiten Methoden miteinander zu kombinieren, beispielsweise Mind Mapping und die Walt Disney Methode, indem für jede Rolle ein eigenes Mind Map entworfen wird.

Oder erfinden Sie doch einfach Ihre ureigenste ganz persönliche Methode. Auch dazu können Sie naheliegenderweise eine der hier beschriebenen Kreativitätstechniken verwenden.

Auf den Punkt gebracht

Kreativität muss nicht dem Zufall überlassen bleiben

- Kreative Techniken bieten den Rahmen für effektive kreative Prozesse.
- Es existiert eine Vielzahl verschiedenster assoziativer, bildlicher, systematischer und kombinierter Techniken mit unterschiedlichen Eigenschaften für unterschiedliche Zwecke und Problemstellungen.
- Je nach Problem- bzw. Aufgabenstellung und Bedürfnissen kann aus dem Angebot die geeignete Methode ausgewählt werden.
- Manche Methoden sind eher für Einzelpersonen, andere eher für Gruppen und manche für beide geeignet.
- Die Methoden lassen sich verändern, miteinander kombinieren und neu konstruieren.
- Für die erfolgreiche Nutzung der Techniken sind die jeweiligen Voraussetzungen und vor allem die Bereitschaft der Teilnehmer, sich darauf einzulassen, erforderlich.

4 Überzeugende Ideenpräsentation

Eine gute Idee ist noch nicht alles; sie muss den Entscheidern auch schmackhaft gemacht werden

Eine gute Idee will auch realisiert werden. Ist eine greifbare Idee gewonnen, gilt es oft noch andere Menschen von ihrer Bedeutung zu überzeugen, sei es, damit die Idee umgesetzt werden kann, sei es, damit andere Menschen sich persönlich oder mit den entsprechenden Ressourcen an ihrer Weiterentwicklung beteiligen. Daher hat die begeisternde Präsentation der Idee große Bedeutung. Es lohnt sich also, diese Präsentation sehr sorgfältig vorzubereiten.

Hier ein paar grundlegende Tipps für die Präsentation:

So gelingt Ihre Präsentation

- Sorgen Sie für eine gute Struktur und den roten Faden.
- Begründen Sie Ihre Äußerungen, damit sie nachvollziehbar sind.
- Bevorzugen Sie kurze Sätze.
- Machen Sie Sprechpausen.
- Begeben Sie sich in einen förderlichen Zustand und halten Sie diesen.
- Halten Sie Augenkontakt.
- Sorgen Sie für Rapport mit den anderen Teilnehmern.
- Benutzen Sie die Hilfsmittel, mit denen Sie sich sicher und wohl fühlen.

Zu den erforderlichen Kompetenzen gehören eine geeignete Rhetorik und die entsprechende Präsentationsfähigkeit. Heutzutage zählt dazu auch der professionelle Umgang mit Hilfsmitteln wie Beamer, Overhead-Projektor, FlipChart, Whiteboard etc.

> Nutzen Sie geeignete Hilfsmittel, um anderen Menschen dabei zu helfen, die Bedeutung Ihrer Idee zu erkennen.

Es geschieht sehr oft, dass gute Ideen nicht verfolgt werden, weil es nicht gelang, die entsprechenden Entscheider dafür zu begeistern.
Da es den Rahmen dieses Büchleins sprengen würde, auf sämtliche Präsentationsmethoden, -techniken und -medien einzugehen, mögen die folgenden Anregungen genügen.

Hilfsmittel

Um den Kreativitätsprozess und die anschließende Präsentation der gewonnenen Ideen professionell zu gestalten, kann aus einer Vielzahl von Hilfsmitteln gewählt werden. Wie so oft gilt es die jeweiligen Vor- und Nachteile im Einzelfall abzuwägen. Außerdem sind bei der Auswahl die persönlichen Vorlieben und die technische Kompetenz wichtige Kriterien.
Verwenden Sie die Hilfsmittel als das, was sie vom Namen her auch sind: als Hilfsmittel. Die vielfach übliche Überflutung mit PowerPoint-Folien ist der Sache nicht immer zuträglich und vielfach kann man sich des Eindrucks nicht erwehren, dass solch ein geballter Medieneinsatz lediglich über die Dürftigkeit der vorgestellten Konzepte hinwegtäuschen soll.
Bleiben Sie sowohl am Ziel orientiert als auch kreativ. Weshalb sollten Sie die Präsentation nicht auch in einem kreativen Prozess vorbereiten?

Wegen ihrer praktischen Bedeutung und der Möglichkeiten für kreative Prozesse betrachten wir im Folgenden die Hilfsmittel

- Overhead-Projektor
- FlipChart
- Whiteboard
- Beamer
- Pinnwand

Bei den technischen Mitteln gibt es modische Tendenzen, die zeitweise dazu führen, dass das aktuell technisch Machbare als das Maß aller Dinge betrachtet wird. Doch nicht immer ist der hoch auflösende und in Reihe geschaltete Beamer oder die neueste technische Spielerei die erste Wahl.

Auch hier gilt, manchmal ist weniger mehr!

4.1 Tageslicht- oder Overhead-Projektor

Der Tageslichtprojektor ist weit verbreitet und gerade in seinen mobilen Formen leicht transportierbar. Er kann schnell in Betrieb genommen werden, wozu allerdings eine entsprechende Projektionsfläche benötigt wird.
Die Folien können vor Publikum live beschriftet und auch vorbereitet zum Einsatz kommen. Hierzu sind auch Folien für Laser- und Tintenstrahldrucker im Einsatz, die weitere Möglichkeiten der professionellen Darstellung bieten.
Sollen umfangreiche Prozesse dargestellt werden, sind die Folien von der Rolle gut geeignet.
Vorbereitete Folien werden in bester Absicht oft mit zu vielen Informationen versehen, die für den Betrachter dann absolut überladen wirken und ihn verwirren.
Bei der Positionierung von Tageslichtprojektoren ist darauf zu achten, dass der Präsentierende weder für die Teilnehmer störend vor der Projektionsfläche, noch geblendet als Schattenspiel im Lichtkegel steht, weshalb eine erhöhte Position des Projektors und eine entsprechende Projektionsfläche angebracht sind.
Bei der Verwendung älterer Geräte kann die Geräuschentwicklung recht störend sein. Neuere und besonders gute Geräte zeichnen sich durch leiseren Betrieb und höhere Lichtstärke aus, wodurch die Raumverdunklung ganz wegfällt oder geringer ausfallen kann.
Es ist unbedingt darauf zu achten ein Ersatzleuchtmittel vorzusehen. Moderne Tageslichtprojektoren haben meist eine um-

schaltbare Lichtquelle, ohne dass das Gehäuse geöffnet werden muss. Diese Technik ist allerdings wertlos, wenn schon die Ersatzlichtquelle im Einsatz ist. Regelmäßig sind so schon gut vorbereitete Sitzungen anders als geplant verlaufen.

Der Overhead-Projektor ist oft ein gutes Präsentationsmittel

4.2 FlipChart

Weit verbreitet sind Flip Charts mit Blättern in DIN-A1, die entweder vollkommen unliniert oder auf einer Seite kariert sind. Sie lassen sich schon mit wenig Übung leicht handhaben. Positionieren Sie das FlipChart so, dass Sie während des Schreibens Ihrem Publikum nicht den Rücken zukehren und Ihren Anschrieb nicht mit dem Oberkörper verdecken. Reden Sie auch während des Schreibens weiter und schaffen Sie von Zeit zu Zeit Blickkontakt, damit der Kontakt zum Publikum nicht abreißt.

Mit vorzugsweise abgeschrägten farbigen Stiften in gut lesbarer Breite wird so geschrieben, dass der Stift jeweils im gleichen Winkel aufgesetzt wird, ohne die Spitze dabei zu verdrehen. So ergibt sich ein schönes und überzeugendes Schriftbild. Obwohl das Papier auf den ersten Blick recht groß wirkt, ist es doch hilfreich, sich vorher über die Aufteilung Gedanken zu

machen. Manchmal ist es am besten, im Vorfeld eine Skizze auf Papier in DIN A4 zu machen, um im Ernstfall wirklich routiniert ans Werk gehen zu können und nicht mehrfach ansetzen zu müssen.
Auch ist es möglich, vorher schon FlipChart-Blätter zu gestalten und diese dann nur noch aufzuhängen.
FlipCharts können frei im Raum aufgestellt werden, haben mitunter sogar Räder. Es sind auch besonders leichte FlipCharts erhältlich, die für den Transport geeignet sind, wobei es im Zweifelsfall immer eine gute Idee ist, ein solches Exemplar bei sich zu haben, da es sehr vielseitig verwendbar ist.
Die Notizen und Ergebnisse sind nach der Arbeit auf dem FlipChart-Papier gesichert und können weiter verwendet werden. Schön gestaltete FlipChart-Blätter können auch mit einer Digitalkamera abfotografiert und nach der Sitzung als Fotoprotokoll per E-Mail an die Teilnehmer gesandt werden.
Um einen laufenden Prozess zu dokumentieren und um bei Folgetreffen den schnellen Wiedereinstieg zu fördern, können die in vorhergehenden Sitzungen angefertigten Blätter im Raum

Das FlipChart ist vielseitig einsetzbar

verteilt werden und so als Anknüpfungspunkte an das schon Erreichte erinnern. So wird leicht eine förderliche Atmosphäre für effektive Ergebnisse geschaffen.

4.3 Whiteboard

Ein Whiteboard ist eine glatt beschichtete Wandtafel auf der mit entsprechenden Stiften geschrieben und gezeichnet werden kann. Leicht sind sie auch trocken wieder abwischbar.
Die Handhabung ist grundsätzlich leicht zu lernen, wenn auch professionelle Nutzer einige lohnenswerte Feinheiten trainieren. Dazu gehört es für den Nutzer zu erlernen, so auf der Tafel zu schreiben, dass er den anderen Teilnehmern dabei möglichst nicht unnötig den Rücken zuwendet, sondern sich häufig dem Publikum zuwendet und so schreibt, dass auch dabei die Sicht auf das Geschriebene möglich ist. Dies erfordert meist einige Zeit der Übung. Am besten ist dieser Aspekt schon bei der Sitzplatzgestaltung zu berücksichtigen, da die Tafeln üblicherweise fest montiert sind.
Obwohl für Whiteboards meistens Stifte mit abgerundeter Spitze vorhanden sind, lohnt es sich passende farbige Stifte mit abgeschrägter Kante zu besorgen. Mit etwas Übung wirken diese deutlich ansprechender und professioneller, was der Wirkung und Überzeugungskraft sehr förderlich ist. Besonders ungeübte Hände erzeugen vor allem mit runden Stiftspitzen oft eine wenig ansprechende kritzelig und unsicher wirkende Schrift.
Whiteboards sind meist aus eisenhaltigen Blechen gefertigt, sodass beispielsweise Blätter mit Magneten befestigt werden können. Dabei ist darauf zu achten gute Magneten zu verwenden, da besonders bei den billigen Angeboten mit nur sehr geringer Haltekraft die Blätter schnell der Schwerkraft erliegen und somit dann im doppelten Sinne des Wortes auch bei den Betrachtern „durchfallen“.
Da das Whiteboard für die weitere Nutzung wieder leer gewischt werden muss, ist frühzeitig an die Sicherung der Zwi-

schen- und Endergebnisse zu denken. Digitalkameras haben sich hierfür sehr bewährt. Mitunter kann so sogar auf Protokolle verzichtet werden bzw. können diese sehr kurz gehalten werden, wenn die Teilnehmer diese farbigen Bilder beispielsweise per E-Mail erhalten.

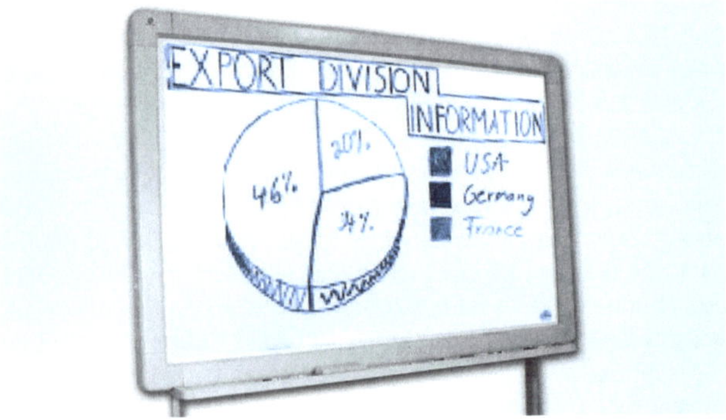

Whiteboard – die gute alte Tafel kann immer noch sinnvoll eingesetzt werden

4.4 Beamer

Nachdem im Zuge der ersten Euphorie jeder verfügbare Beamer in sinn- und weniger sinnvollen Situationen zum Einsatz kam, wird er heute wieder etwas durchdachter eingesetzt.
Je nach Medienquelle (Video, DVD, Notebook etc.) bietet er vielfältige Möglichkeiten und kann sogar Bilder und Bildsequenzen wie Filme auf geeignete Flächen werfen.
Beliebt ist auch die Verwendung von Präsentationssoftware. Dabei gilt es sämtliche Regeln der Präsentationstechnik und Gestaltung zu berücksichtigen, was nicht immer gegeben ist.
Leicht verlocken die technisch machbaren Gimmicks zu Experimenten, sodass der Satz *„Was nicht hilft, stört!“* eine gute Orientierung bietet.
Denken Sie auch daran, sich auf mögliche technische Probleme vorzubereiten.

Bei aller Freude an modernster Technik ist beispielsweise ein prophylaktischer Papierausdruck des wichtigen Materials eine gute und beruhigende Idee, wenn es (wie es recht oft geschieht) technische Probleme gibt, weil beispielsweise Beamer und Computer nicht kompatibel sind, das Anschlusskabel einen neuen Besitzer gefunden hat, die einzige Fernbedienung verschwunden ist, das Präsentationsprogramm nicht läuft, das Akku auf einmal leer ist etc. Besonders dann, wenn fremdes Equipment genutzt werden soll, sind solche Probleme erwartbar.

Bei der Wahl des Beamers ist es vor allem von Bedeutung an die erforderliche Lichtstärke für den vorgesehenen Raum zu denken und auf eine Mindestauflösung zu achten.

Um sich bei der Präsentation frei im Raum bewegen zu können, ist eine kabellose Maus oder Ähnliches zur Steuerung sehr hilfreich.

Über den Beamer sollte umgesetzt werden, was sinnvoll und nicht, was technisch machbar ist

4.5 Pinnwand

Besonders große Pinnwände sind sehr gut für die Sammlung von Ideen geeignet, beispielsweise bei der Kartentechnik (siehe Kap. 3.4). Mittels entsprechender Moderationsnadeln werden Karten oder andere Papiere befestigt. Auch für die großen Pinnwände gibt es meist wie Packpapier aussehendes Papier. Die spätere Lagerung und der Transport von großen und vor allem beklebten Blättern ist allerdings etwas umständlicher, so schön diese an der Pinnwand auch aussehen.

An Pinnwände können auch schon erarbeitete FlipChart-Bögen angebracht werden, damit sie im Blickfeld bleiben.
Die Einsatzmöglichkeiten sind nahezu unbegrenzt. Vor großen Pinnwänden können beispielsweise auch mehrere Menschen gleichzeitig stehen, sich ein Bild machen und diskutieren. Pinnwände können aber auch als Raumteiler eingesetzt werden, um in einem großen Raum mehrere Arbeitsgruppen voneinander zu separieren.

Auf einer Pinnwand lassen sich Ideen sammeln und gruppieren

Auf den Punkt gebracht

Eine gute Idee ist letztlich nur die Idee, die auch umgesetzt wird

- Gute Ideen entstehen nicht im luftleeren Raum, sondern immer innerhalb vielfältiger Bezüge und komplexer Beziehungsgeflechte.
- Gute Ideen zu entwickeln reicht daher allein nicht aus. Prozessbeteiligte, Entscheider und Interessengruppen müssen von einer Idee auch überzeugt – oder besser noch begeistert werden, damit der Umsetzungsprozess in Gang kommt und die nötigen Ressourcen bereitgestellt werden.
- Eine wirkungsvolle Ideenpräsentation gehört ebenso zum kreativen Prozess wie die Entwicklung der Idee.
- Präsentationsmedien sind kein Selbstzweck, sondern Mittel zum Zweck.
- Sinnvoll ist nicht das technisch Machbare, sondern das, was eine Präsentation inhaltlich wirkungsvoll unterstützt.
- Im Zweifelsfalle gilt der Grundsatz: *„Weniger ist mehr!“*
- Technik hat ihre Tücken. Es ist daher sinnvoll immer noch eine alternative Variante der Präsentation vorzubereiten, auf die man bei Technikversagen zurückgreifen kann.

5 Kreativität im Unternehmen

Nur Kreativität und innovative Lösungen sichern nachhaltige Wettbewerbsvorteile

Auf unseren überfüllten Märkten mit ihren austauschbaren Produkten und ständig wechselnden Kundenansprüchen werden auf Dauer nur solche Anbieter überleben, die dem permananenten Wandel zeitnah und mit innovativen Lösungen begegnen und ihr Angebot unverwechselbar in Szene setzen. Der immer lauter werdende Ruf nach Innovationen ist daher heute in den meisten Branchen zu hören.
Dieses Kapitel beschreibt wirkungsvolle Ansätze, wie auch in Unternehmen die Kreativität der dort tätigen Menschen gezielt gefördert und im Sinne des Ganzen umgesetzt werden kann. Gerade in großen Organisationen ergeben sich hier vielfältige Synergieeffekte, die in dem Schlagwort der „lernenden Organisation" ihren Ausdruck gefunden haben.

5.1 Kreativität als Wettbewerbsfaktor

Der Begriff Innovation stammt aus dem Lateinischen und bedeutet sowohl „Veränderung" als auch „Erneuerung". Heute verstehen wir unter Innovation die Verbesserung durch Erneuerung. Aus der Verbesserung interner und externer Faktoren resultieren sowohl Vorteile für das Unternehmen, indem Wettbewerbsfähigkeit und Wertschöpfung gesteigert werden als auch für die Kunden, die von neuen, besseren oder preisgünstigeren Produkten oder Leistungen profitieren.
Während innovative Unternehmen so ihre Marktanteile und Zukunftschancen erweitern, verlieren Unternehmen, die zu lange im Althergebrachten verharren. Träge Unternehmen laufen Gefahr langfristig den Anschluss zu verlieren und letztlich ganz vom Markt zu verschwinden.

Da die meisten Unternehmen diesen Zusammenhang grundsätzlich erkannt haben, ist vielfach ein wahrer Innovationswettlauf entbrannt, der zu rasanten Kreisläufen geführt hat. Die Zeit von der Produktentwicklung bis zur Marktreife, ja der gesamte Produktlebenszyklus ist heute sehr viel kürzer und der Trend zu immer schnelleren Veränderungen hält unverändert an: Das einzig Beständige scheint der Wandel.
Die Qualität und der Umfang der Innovationen sind dabei sehr unterschiedlich. Sie reichen von kleinsten oberflächlichen Spielereien bis hin zu bahnbrechenden Bereicherungen, die weit reichende Veränderungen mit sich bringen.
Vor dem Hintergrund dieses hohen und unerbittlichen Innovationsdrucks entsteht für Organisationen die Notwendigkeit, kreative Prozesse nicht länger dem bloßen Zufall zu überlassen, sondern sie gezielt zu fördern und zu steuern.

> Kreativität wird somit zum wesentlichen Wettbewerbsfaktor von Unternehmen.

Es werden viele Ansätze verfolgt, um Kreativität in Unternehmen zu institutionalisieren.
Sprichwörter wie *„Not macht erfinderisch"* deuten an, dass der Ansporn für kreative Prozesse vielfach aus dem Leidensdruck und der Notwendigkeit zu Veränderungen entspringt. Umgekehrt sollten aber auch Unternehmen mit hohem Marktanteil und zur Zeit wettbewerbsfähigen Angeboten sich nicht auf dem Erreichten ausruhen. Sehr schnell verlieren Markt- bzw. Nischenführer den Anschluss, wenn sie der Meinung sind, dass sie aufgrund ihrer Spitzenposition keine weiteren Innovationsanstrengungen mehr unternehmen müssten …

5.2 Anforderungen an Führungskräfte und Organisationen

Letztlich liegt die Quelle der Kreativität von Unternehmen und Organisationen in einzelnen Menschen und kleineren Gruppen von Menschen. Damit es gelingt, deren Kreativität in die rich-

tigen Bahnen zu lenken, sind die jeweiligen Führungskräfte in besonderem Maße gefordert.
Oft wird hier auf externe Hilfe zugegriffen, was durchaus seine Berechtigung haben kann. Externe Betrachter bieten zwar bei der Analyse der Ist-Situation einen wertvollen Beitrag, ersetzen dabei aber nicht die interne Sensibilisierung für das Thema.
Einer der bewährtesten Wege führt über das Training und Coaching von Führungskräften und Multiplikatoren des Unternehmens. Dadurch können kreative Erkenntnisse und Fähigkeiten von innen heraus aktiviert und so von Anfang an integriert werden. Es geht darum, den Boden für Kreativität zu schaffen und Kreativität zu leben, dann und erst dann machen Kreativitätstechniken als Werkzeuge und ein entsprechender organisatorischer Rahmen wirklich Sinn.
Schon im Rahmen der Personalentwicklung, der Einstellung von neuen Mitarbeitern und besonders der Entscheidung über die Zusammensetzung von Teams ist es hilfreich, wenn deren Mitglieder so ausgewählt werden, dass sie sich gegenseitig ergänzen und kreative Potenziale genutzt werden können. Hierzu werden entsprechendes Coaching und Beratungen angeboten, die sich damit beschäftigen, wie kontextbezogene Persönlichkeitsaspekte erkannt werden können.
All dies ist wirksam eingebettet in geeignete Organisationsstrukturen, Entscheidungswege, Wissensstrukturen, unternehmensinterne Kommunikation, Mitarbeiterführung und gelebter Unternehmenskultur.

Wie schon eingangs dargestellt (siehe Kap. 1) ist davon auszugehen, dass jeder Mensch kreativ ist und somit auch die Mitarbeiter in Unternehmen über kreative Potenziale verfügen. Konzentrieren die Mitarbeiter diese Kreativitätsentfaltung aber überwiegend im privaten Bereich, kann dies Hinweise dafür geben, dass die Richtung der Motivation im Unternehmen korrigiert werden sollte. Der Versuch, dies beispielsweise mit monetären Anreizen zu tun, ist vielfach nur begrenzt von Erfolg

gekrönt. Auf lange Sicht reicht weder dieser Antrieb aus, noch können Mitarbeiter zu Kreativität überredet oder gezwungen werden.
Vielmehr bedarf es einer positiven Selbstverpflichtung der Mitarbeiter, gewährte oder wahrgenommene Möglichkeiten der Selbstentfaltung im Unternehmen auch im Rahmen freiwilliger persönlicher Beiträge umzusetzen. So wird Kreativität Teil der Führungsaufgabe, an der sich die Führungskräfte messen lassen müssen.

Wenn Sie für Ihre Mitarbeiter kreativitätsförderliche Bedingungen schaffen wollen, achten Sie unter anderem auf die folgenden Punkte:

So schaffen Sie für Ihre Mitarbeiter ein kreativitätsfreundliches Arbeitsklima

- Jeder Mitarbeiter ist für einen definierten Bereich bzw. eine Aufgabe verantwortlich und kennt seinen Beitrag für die Unternehmensziele oder besser noch die Vision.
- Verantwortung, Kompetenz, Ressourcen und Gestaltungsspielräume stehen im Einklang miteinander.
- Geeignete Steuerungssysteme sorgen dafür, dass Spielräume für kreative Prozesse entstehen und auch genutzt werden können.
- Der Mitarbeiter erfährt hilfreiche Rückkopplung zu seinen Leistungen und fühlt sich für seinen Bereich und darüber hinaus verantwortlich.
- Die Mitarbeiter empfinden eine berechtigte Identifikation mit dem Unternehmen.

Jede Organisation und jeder Mensch sind einzigartig, sodass auch die Führung sich flexibel auf diese Einzigartigkeit einstellen muss, wenn es gilt, die individuellen Potenziale zu fördern und zu nutzen.

Die jeweils vorhandenen Ansätze können daher keinen Alleinanspruch haben, sondern lediglich wertvolle Anregungen für den Einzelfall geben.
Gebraucht werden authentische und integere Führungskräfte, die dadurch glaubhafte Orientierung bieten.

Fazit:

Als Führungskraft haben Sie großen Einfluss auf die Kreativität Ihrer Mitarbeiter. Um dieses Potenzial zu fördern und zu nutzen, haben Sie persönlich unter anderem die folgenden Möglichkeiten:

- Fordern und fördern Sie Mitdenken.
- Schaffen Sie die Voraussetzungen für Kreativität.
- Bieten Sie Unterstützung an.
- Reden Sie mit Ihren Mitarbeitern und geben Sie Anregungen.
- Würdigen Sie Initiative.
- Sorgen Sie dafür, dass die Mitarbeiter Rückmeldungen über eingereichte Anregungen bekommen.

5.3 Analyse der Ist-Situation

Ein unvoreingenommener Blick auf die Unternehmenskultur und der Umgang mit Kreativität ist für einen Außenstehenden oft leichter als für verantwortlich Beteiligte. So kann es sinnvoll sein, die eigenen Perspektiven durch externe Berater und Coaches zu erweitern, um die aktuelle Situation zu erkennen und daraus entsprechende Handlungen abzuleiten.

Folgende Fragen können helfen, das aktuelle Innovationsklima zu ermitteln:

- Welche Anregungen von Mitarbeitern wurden bisher gewonnen?
- Wie geht das Unternehmen mit Mitarbeiterideen um?
- Gibt es institutionalisierte Ansprechpartner für Anregungen?

- Ist Eigeninitiative gewünscht und findet diese statt?
- Werden Anregungen von Mitarbeitern gewürdigt?
- Gibt es einen transparenten Umgang mit Anregungen und objektive Kriterien für deren Prüfung?
- Sind die Mitarbeiter motiviert für das Unternehmen kreativ zu sein?
- Bekommen die Mitarbeiter Freiräume und Unterstützung für kreative Prozesse?
- Kennen die Mitarbeiter die Ziele oder sogar die gelebte Vision des Unternehmens und den eigenen individuellen Beitrag hierzu?
- Identifizieren sich die Mitarbeiter mit ihrem Unternehmen?

Diese Fragen helfen vor allem dann einen Eindruck der Ist-Situation zu bekommen, wenn sie aus einer unvoreingenommenen Perspektive heraus gestellt und beantwortet werden.

5.4 Betriebliches Vorschlagswesen

Wie schon erwähnt ist der Versuch, die Motivation für kreative Prozesse der Mitarbeiter ausschließlich durch monetäre Anreize zu fördern, nur begrenzt wirksam. Einen besseren, weil nachhaltigeren Weg stellt dagegen ein sinnvoll umgesetztes betriebliches Vorschlagswesen dar.
Verkommt das Vorschlagswesen allerdings zu einer fernab der eigentlichen Arbeitsprozesse angesiedelten Bürokratie, in der Verbesserungsvorschläge versickern oder im besten Falle verwaltet werden, kann dies sogar kontraproduktiv wirken. Die positive Form der Selbstverpflichtung der Mitarbeiter wird ausgebremst, wenn Kreativität am Arbeitsplatz nicht als Teil der individuellen Selbstverwirklichung gesehen, sondern lediglich als abrechenbare Sonderleistung betrachtet wird. Kreativität wird dann zu etwas, das außerhalb der Arbeitsgruppen und Prozessabläufe steht und nicht Teil der gelebten Unternehmenskultur wird.

Anders verfährt da ein erfolgreich in japanischen Unternehmen entwickeltes Prinzip, das diese Trennung zwischen gelebtem Arbeitsalltag und einer bürokratisierten Ideenverwaltung aufhebt.
Im Rahmen des „Kaizen“ (japanisch Kai = „Veränderung“, „Wandel“; Zen = „gut“ oder „zum Besseren“ und somit „die Chance des Guten“) geht es um einen kontinuierlichen Verbesserungsprozess, der nicht neben den Arbeitsprozessen herläuft, sondern fest in diese integriert ist. Die Veränderung erfolgt nicht in einzelnen Innovationsschüben, sondern ist integraler Bestandteil des gesamten Leistungserstellungsprozesses. Ideen werden direkt innerhalb der Arbeitsgruppe bewertet.

> Kreativität wird damit bedeutender und alltäglicher Bestandteil der Tätigkeit jedes Mitarbeiters.

Produkte, Tätigkeiten, Betriebsabläufe und die Qualität der Kundenbeziehungen werden ständig hinterfragt. Die Qualitäts- und Produktivitätssteigerung durch die Anregungen der Mitarbeiter basiert dabei weniger auf dem „großen Wurf“, der den maßgeblichen Innovationsschub einleitet, als auf den Synergieeffekten, die sich aus der der Summe der Umsetzung vieler kleiner Anregungen ergeben. Jedem auch noch so kleinen Beitrag wird große Beachtung geschenkt.
Im Westen ist Kaizen unter der Bezeichnung „kontinuierlicher Verbesserungsprozess“ (KVP) eingeführt und umgesetzt worden.
Ein in diesem Sinne organisiertes betriebliches Vorschlagswesen bietet die Chance, die kreativen Potenziale der Mitarbeiter zu wecken und nutzbringend einzusetzen.

Zu den typischen Zielen des betrieblichen Vorschlagswesens gehören:

- Material-, Zeit- und Energieeinsparungen
- Qualitätssteigerungen von Produkten und Dienstleistungen
- Verbesserung der Arbeitssicherheit

- Arbeitsplatzgestaltung
- Arbeitserleichterung
- Umweltschutz

Für das betriebliche Vorschlagswesen werden Verantwortliche festgelegt. Dieser Beauftragte benötigt für seine Tätigkeit die Akzeptanz sowohl der Unternehmensführung als auch der Mitarbeiter, bringt gute Betriebskenntnisse, psychologische und soziale Kompetenz, Methodenkompetenz sowie eine unvoreingenommene Denkweise mit, um für die Aufgabe gewappnet zu sein.

Achtung:

Wenn ein betriebliches Vorschlagswesen existiert oder eingerichtet wird, ist es von großer Bedeutung schnell auf Mitarbeitervorschläge zu reagieren, da die in der Praxis oft zu beobachtende lange Wartezeit schnell demotivierend wirken kann. Damit es zu weiteren Beiträgen von Mitarbeitern kommt, müssen diese sich ernst genommen fühlen. Schon deshalb hat die Rückmeldung über den Stand der Prüfung und Umsetzung sehr hohe Bedeutung, ebenso sind transparente Spielregeln und objektive Kriterien für die Glaubwürdigkeit erforderlich.

5.5 Qualitätszirkel

Während das betriebliche Vorschlagswesen die Ideen von Einzelpersonen bewertet, sind Qualitätszirkel institutionalisierte Arbeitsgruppen, in denen 5 bis 8 Teilnehmer in regelmäßigen zeitlichen Abständen neue Möglichkeiten erarbeiten und diskutieren. Die Treffen finden meist während der Arbeitszeit oder unmittelbar im Anschluss daran statt. Jede Runde hat einen Moderator, der, auch wenn er Fachvorgesetzter ist, die Gruppe nicht durch Weisungsbefugnis leitet. Die Gruppe wählt für ihr Vorgehen aus der Vielzahl der Kreativitätstechniken. Wenn erforderlich werden für Fachfragen Experten eingeladen bzw. angefordert.

Die Ergebnisse der Treffen werden schriftlich festgehalten und entsprechend dem festgelegten Verteiler weitergeleitet. Je nach Gruppe und deren Möglichkeit, setzt diese die Ergebnisse anschließend selbst um oder deren Vorgesetzter initiiert die Realisierung bzw. die Entscheidungsprozesse.

Zu den Vorteilen von Kreativität in Gruppen gehören unter anderem:

Kreativität in Gruppen bringt vielfältige Synergieeffekte

- Wertvolle Impulse für Innovationen
- Förderung von Lernprozessen
- Bessere und zielgerichtete Motivation der Mitarbeiter
- Kosteneinsparungen durch optimierte Arbeitsabläufe und bessere Qualität
- Förderung und Akzeptanz der Unternehmenskultur
- Umweltschutz durch ressourcenfreundlichere Produktion
- Größere Kundenorientierung
- Höhere Identifikation und Zufriedenheit der Mitarbeiter
- Weniger Konflikte im Unternehmen

5.6 Wissensmanagement

Vor dem Hintergrund der immer schneller anwachsenden Informationsfülle und der zunehmenden Komplexität zu beurteilender Chancen und Risiken hat nicht nur die Erzeugung von kreativen Ergebnissen, sondern auch die Sicherung und Nutzbarmachung von Wissen und Informationen große Bedeutung.

> Das Kreativitätspotenzial einer Organisation wächst, je mehr Handlungswissen ihr zur Verfügung steht.

Werden bereits vorhandene Ergebnisse und gewonnene Erkenntnisse nicht gesichert und aufbereitet, so gehen sie schnell wieder verloren. Einzelne Mitarbeiter müssen so unabdingbares Handlungswissen immer wieder neu erwerben, weil es nicht ständig aktualisiert und verfügbar gehalten wird. Dies kostet unnötige Ressourcen und kann die Beteiligten mit der Zeit frustrieren.

Oft genug sind wertvolle und einzigartige Erfahrungen auch an einzelne Mitarbeiter gebunden, sind nach deren Ausscheiden nicht mehr reproduzierbar und gehen so ein für alle Mal verloren. Gerade bei umfangreichen Reorganisationen von Unternehmen geht so ständig wertvolles Wissen verloren, dessen Bedeutung nicht früh genug erkannt wird, sondern wenn überhaupt, erst dann, wenn es zu spät ist.

Wissensmanagement sieht grundsätzlich das gesamte Wissen eines Unternehmens als Ressource, die einen Wert hat. Dieses Wissen gilt es systematisch zu sichern, auszuwerten und nutzbar zu machen. Dabei wird davon ausgegangen, dass in der Regel sehr viel mehr wertvolles Wissen vorhanden ist als praktisch genutzt wird.

Negative Praxiserfahrungen haben leider dazu geführt, dass der wohlgemeinte Anspruch von Wissensmanagement seit seiner anfangs gefeierten Einführung vielfach zum bloßen Lippenbekenntnis verkommen ist. Um wirksam zu sein, darf sich auch Wissensmanagement nicht in abgehobenen Institutionen erschöpfen, sondern muss auf akzeptierten Strukturen beruhen und von allen Mitarbeitern aktiv gelebt werden.

Die technischen und organisatorischen Aspekte werden oft genug überbewertet, während eine wirkliche Veränderung der Unternehmenskultur zu einem lernenden Unternehmen nicht stattfindet.

Für eine wirkliche Wissenskultur im Unternehmen muss eine Vielzahl von Kriterien erfüllt sein, von der Bereitschaft des Unternehmens, die damit verbundenen Veränderungen auch zuzulassen bis hin zu der Bereitschaft des Einzelnen, sein Wissen mit anderen Menschen zu teilen.

Die bisherigen Erfahrungen zeigen allerdings, dass ein Klima gegenseitigen Misstrauens, der Besitzstandswahrung und des Klammerns an Herrschaftswissen in der Praxis nicht so leicht aufzulösen ist. Bei der Umsetzung von Wissensmanagement sollte man also mit entsprechenden Widerständen rechnen.

Letzlich muss allen Beteiligten klar werden, dass organisationales Wissen mit beträchtlichem Aufwand erworben wurde, Wettbewerbsvorteile und Marktmacht ermöglicht, Arbeitsplätze sichert und so Grundlage des gesamten Unternehmenswertes ist.

Erst vor dem Hintergrund dieser Einsicht und in einem Klima gegenseitigen Vertrauens kann Wissensmanagement effektiv umgesetzt und gelebt werden. In einem Umfeld, in dem die gegenseitige Nutzung von Wissen gefördert wird und Technik als Möglichkeit der wirkungsvollen Nutzung dieses Wissens eingesetzt wird. In einem solchen Umfeld wird auch Kreativität gefördert und im Sinne des Ganzen genutzt.

Auf den Punkt gebracht

Auch die Kreativität komplexer Organisationen lässt sich wecken und gezielt steuern

- Kreativität ist ein wesentlicher Wettbewerbsfaktor mit weiterhin steigender Bedeutung.
- Die Zyklen, in denen neuen Ideen gefordert werden, verkürzen sich ständig.
- Das Unternehmen kann die Bedingungen für Kreativität auf verschiedenen Ebenen fördern.
- Kreative Potenziale zu aktivieren ist eine maßgebliche Führungsaufgabe.
- Wird Kreativität als Teil der Unternehmenskultur glaubhaft gelebt, wird sie am besten gefördert und ihr Nutzen am größten sein.
- Wird Kreativität als Sonderleistung der Mitarbeiter gesehen und nur über monetäre Leistungen gewürdigt, sind die Ergebnisse meist sehr gering im Vergleich zu den Potenzialen.

6 Kreativität unter Druck

Kreativität lässt sich nicht erzwingen, wohl aber gezielt fördern

„Bis Ende des Quartals muss unter allen Umständen eine innovative Lösung gefunden werden, sonst …“ Wer kennt sie nicht, die scheinbar utopischen Forderungen von Vorgesetzten oder die drängenden Umstände und verfahrenen Rahmenbedingungen, die das Bemühen um eine solche Lösung aussichtslos erscheinen lassen.
Auch Menschen, die sich selbst grundsätzlich als kreativ erleben, stoßen leicht an ihre Grenzen, wenn es darum geht, unter empfundenen Druck Kreativität zu zeigen.
Im Kapitel 1.1 (Stress bremst Kreativität) ist beschrieben welche Folgen Stress auf den menschlichen Organismus hat; nämlich Denkblockaden, Sinnesstörungen und Gedächtnislücken. Vor diesem Hintergrund stehen die kreativen Möglichkeiten natürlich nur noch eingeschränkt zur Verfügung.

> Um das vorhandene kreative Potenzial auch unter Stress aktivieren zu können, gilt es in erster Linie den Blickwinkel auf das kreative Problem zu verändern.

Wer sich aus einer Stresssituation heraus unmittelbar zu kreativen Höchstleistungen aufschwingen will, wird nicht nur keinen Erfolg haben, sondern zudem in einen Teufelskreis der Frustration geraten, der die subjektive Wahrnehmung der Ausgangssituation immer negativer werden lässt.
Erfolg versprechender ist es hier innerlich Abstand von der Situation zu nehmen, so den Druck zu verringern und zunächst einmal eine Basis zu schaffen, um das Problem objektivieren und strukturieren zu können
Zu den konkreten Möglichkeiten, mit deren Hilfe diese Haltung umgesetzt werden kann, gehören Folgende:

Schaffung einer förderlichen Situation

Nutzen Sie bewusst Gestaltungsspielräume, um es sich auch innerhalb negativer Umstände so angenehm und leicht wie möglich zu machen. Dies kann dadurch geschehen, dass Sie einen Ortswechsel vornehmen oder durch andere Maßnahmen den äußerlichen Rahmen so gestalten, dass Sie sich wohler fühlen. Achten Sie auf sich selbst und Ihren Zustand.

Die Ziele und Möglichkeiten greifbarer machen, indem Struktur geschaffen wird

Resultiert der Druck aus dem empfundenen Übermaß der Anforderungen, teilen Sie die Aufgabe in kleinere Teile auf, die Sie nacheinander angehen. Zerlegen Sie Ihr Ziel in kleinere realistisch umsetzbare Teilziele, die für Sie überschaubar sind. Fangen Sie mit dem Teilziel an, das sie am einfachsten bewältigen können. Auch noch so geringe Erfolgserlebnisse werden Sie innerlich stabilisieren. So machen Sie auch komplexe Themen griffig und erfahren, dass es vorangeht. Mit jedem erreichten Teilziel gehen Sie freier ans Werk. Dies gibt Ihnen die Sicherheit und Zuversicht, über Ihre Aufgabe die Kontrolle zu haben und erfolgreich zu sein.
Mithilfe von Clustering und Mindmapping (siehe Kap. 3.6 und 3.7) können Sie schnell wieder die Orientierung gewinnen, falls Ihnen der Überblick verloren gegangen sein sollte.

Denkblockaden vorbeugen und auflösen

Unter Druck kommt es leicht dazu, dass negative Überzeugungen in den Mittelpunkt drängen und sich stetig selbst verstärken, was schlimmstenfalls zur völligen physischen und psychischen Handlungsunfähigkeit führen kann. Damit es nicht so weit kommt, nutzen Sie die Anregungen, die Sie hierzu in Kapitel 1.6 finden.

Wahrnehmung offen halten

Mit ansteigendem Stress neigen Menschen dazu ihre individuellen Wahrnehmungsfilter noch mehr zu verengen. Nicht nur

die Gedanken drehen sich im Kreis, sondern auch die Aufnahmefähigkeit der für kreative Prozesse so wichtigen Sinnesbereiche nimmt rapide ab. Da Sie für kreative Ergebnisse aber sämtliche Fähigkeiten Ihrer Imagination nutzen sollten, ist es in einer solchen Stresssituation hilfreich, den Ort und die Umgebung zu wechseln, um sich neue Eindrücke zu verschaffen, von denen positive Impulse ausgehen können.
Auch sollten Sie versuchen, die unterschiedlichen Potenziale beider Gehirnhemisphären zu stimulieren. Hinweise dazu finden Sie unter anderem im Kapitel 1.5.

Pausen einlegen und das Unterbewusstsein nutzen

Wenn dies zeitlich irgend möglich ist, lohnt es sich Auszeiten zu nehmen und Pausen einzulegen. Mit dem innerlichen Abstand gewinnt man neue Perspektiven. Lässt nämlich der bewusste Druck nach, eine Lösung finden zu müssen, entstehen im Unterbewusstsein oft völlig neue Ansätze.

7 Kreativität im stillen Kämmerlein

Der zündende Funke kann auch auf Einzelkämpfer überspringen

In der Vorstellung der meisten Menschen sind die Bilder kreativer Prozesse in der Regel mit einer lebhaften Runde von Teilnehmern verbunden, die sich gegenseitig inspirieren und zu Höchstleistungen anregen. Was aber, wenn es gilt, aus welchen Gründen auch immer, ganz allein zu einer kreativen Lösung zu kommen?
Auch Einzelpersonen können ihre Kreativität mit entsprechenden Mitteln fördern.
Zur engeren Auswahl stehen hier insbesondere die folgenden der in Kapitel 3 vorgestellten Methoden, die sich auch für kreative Prozesse einzelner Personen bewährt haben:

- Clustering
- Mind Mapping
- Morphologische Matrix
- Morphologischer Kasten
- Osborn-Methode
- Visualisierung
- Wunder-Methode
- Walt-Disney Methode
- 6 Hüte nutzen

Für die Strukturierung und Vorbereitung bietet sich meist das Clustering bzw. Mind Mapping an.
Wenn Sie sich mit der Walt-Disney Methode anfreunden können, wählen Sie diese möglichst als Ausgangspunkt. Wenn Sie wirklich bereit sind, sich intensiv in die verschiedenen Perspektiven zu versetzen, nehmen so nämlich in gewisser Weise verschiedene Charaktere (Ihre Persönlichkeitsanteile als Träumer, Realist und Kritiker) am kreativen Prozess teil.

So „simulieren“ Sie gewissermaßen eine kreative Gruppe und können auch als Einzelperson unterschiedliche Standpunkte einnehmen, wie sie sonst von unterschiedlichen Gruppenmitgliedern vertreten werden.
Ähnlich lässt sich natürlich auch die Methode der 6 Hüte nutzen. Auch hier bekommen Einzelpersonen eine Hilfestellung, um symbolisch verschiedene Perspektiven einzunehmen und so ein kreatives Problem von unterschiedlichen Standpunkten her wahrzunehmen und zu reflektieren.

8 Wie geht es weiter?

Finden Sie Ihren eigenen kreativen Weg!

Jeder Mensch ist einzigartig und die persönlichen Vorlieben und Ausprägungen sind inividuell unterschiedlich verteilt. Es lohnt sich die eigenen Fähigkeiten zu kennen und auszubauen. Der Spielraum Ihrer Persönlichkeit, deren Bandbreite und Ihre Fähigkeit zur Entwicklung sind beachtlich. Viele ungenutzte Fähigkeiten schlummern dabei schon jetzt in Ihnen und wollen aktiviert werden.

Fördern Sie mit Kreativität Ihre Kreativität!

Erfreuen Sie sich daran, was Sie alles noch entdecken und bewegen können. Wer seine Kreativität entwickelt und die eigenen Ressourcen aktiviert, der entdeckt leicht, wohin die lohnenswerte Reise gehen und auch, auf welchen Wegen er dahin gelangen kann.

Literatur

Es existieren zahlreiche Titel zur Kreativität mit völlig unterschiedlichen Schwerpunktsetzungen. Sicherlich finden Sie entsprechende Literatur, mit deren Hilfe Sie auch den von Ihnen präferierten kreativen Ansatz ausbauen und weiterentwickeln können.

Workshops

Die Vielfalt an Workshop-Angeboten zur Kreativität ist beeindruckend. So findet jeder ein Angebot, das am besten zu den eigenen Bedürfnissen passt. Besonders lohnenswert sind solche Workshops, die kreative Methoden nicht nur vorstellen, sondern diese auch gleich im praktischen Einsatz trainieren. So wird das Wissen um Kreativität wirklich erfahrbar und für die Praxis nutzbar gemacht.

Coaching und individuelles Einzeltraining nutzen

Das Ziel von Coachings und Einzeltrainings, die durch Unternehmen gefördert werden, ist es gezielt und systematisch die Leistung der Mitarbeiter zu fördern. Die erfolgreiche Förderung und Nutzung von Kreativität ist dabei ein häufiges Thema bzw. integriertes Element anderer Schulungen.
Die heutige Tätigkeit eines Coachs im Geschäftsbereich erfordert, dass er die Situation und die Anforderungen von Unternehmen aus eigener Anschauung kennt. Er sollte sowohl die Situation als Mitarbeiter als auch als Führungskraft kennen. So kann er, entsprechend ausgebildet, die Kreativität seiner Klienten fördern, bei der Überwindung einschränkender Überzeugungen helfen und hilfreiche persönliche und geschäftliche Fähigkeiten fördern.
Klienten haben sowohl durch Coaching als auch im Einzeltraining einen objektiven Ansprechpartner, der Vertraulichkeit wahrt und nützliche Rückmeldungen und Unterstützung gibt. Dabei hat er immer auch eine breite Palette an Techniken und Methoden im Angebot, die hilfreich sein können und in das persönliche Repertoire der Klienten eingegliedert werden können. Durch das individuelle Vorgehen ist es möglich, gezielt die individuellen Absichten und Fähigkeiten zu berücksichtigen.
Unternehmen tragen für Mitarbeiter von sich aus oder auf Nachfrage häufig die Kosten für Coaching und Einzeltrainings, da sie um den Wert für alle Beteiligten wissen. Aus Scheu, er könnte dies für eine Schwäche halten, zögern manche Mitarbeiter den Vorgesetzten über ihren Bedarf zu informieren. Dabei gewinnen gerade Mitarbeiter, die sich bewusst weiterbilden nicht nur an Kompetenz, sondern dokumentieren auch Verantwortlichkeit im Umgang mit den ihnen übertragenen Aufgaben.

Externe Beratung

Externe Beratung bietet sich an, wenn in sehr komplexen oder verfahrenen Situationen zusätzliche Perspektiven genutzt wer-

den sollen, um die Ist-Situation möglichst objektiv und unvorbelastet zu erkennen und Problemlösungen zu entwickeln. Eine externe Beratung kann auch sinnvoll als Ergänzung der internen Maßnahmen sein.
Je nach Schwerpunkt des Beraters reichen die Themen von der Erkennung und den Möglichkeiten der Auflösung von Hindernissen, Integration in die Unternehmenskultur, Kommunikation bis zur hilfreichen Begleitung der konkreten Umsetzung.

Weiterführende Literatur

Alman, Brian: Selbsthypnose. Heidelberg, 1995
Busch, Burkhard G.: Erfolg durch neue Ideen. Berlin, 1999
Buzan, Tony: Kopftraining. München, 1993
Buzan, Tony: Das Mind-Map-Buch. Landsberg, 2002
Csikszentmihalyi, Mihaly: Kreativität – Wie Sie das Unmögliche schaffen und Ihre Grenzen überwinden. Stuttgart, 1997
Csikszentmihalyi, Mihaly: Das flow-Erlebnis – Jenseits von Angst und Langeweile im Tun aufgehen. Stuttgart, 2000
De Bono, Edward: De Bono's neue Denkschule. Frankfurt
Dennison, Paul E. u. Gail: Brain Gym. Freiburg, 1990
Dilts, Robert: Know-how für Träumer – Strategien für Kreativität. Paderborn, 1994
Dilts, Robert: Modelling mit NLP. Paderborn, 1999
Dilts, Robert: Zukunftstechniken zur Leistungssteigerung und für das Management von Veränderungen. Paderborn, 1999
Ditrich, Cornelia: Rhetorik – Die Kunst zu überzeugen und sich durchzusetzen. Berlin, 2003
Farelly, Frank: Provokative Therapie. Berlin, 1986
Gardner, H.: Kreative Intelligenz – Was wir mit Mozart, Freud, Woolf und Gandhi gemeinsam haben. Frankfurt, 1999
Goleman, Daniel: Emotionale Intelligenz. München, 1997
Grüber, Isa: Praxisbuch Kinesiologie. München, 1998
Hoffmann, Klaus Dieter: Moderieren und Präsentieren – Wirksame Kommunikation, gezielter Medieneinsatz. Berlin, 2002
Hüther, Gerald: Bedienungsanleitung für ein menschliches Gehirn. Göttingen, 2004
Luther/Gründonner: Königsweg Kreativität. Paderborn, 1998
Maaß, Evelyne: Spiel der Intelligenzen. Paderborn, 1998
Petersen, Hans-Christian: Open Space in Aktion. Paderborn, 2000
Rossi, Ernest L: 20 Minuten Pause. Paderborn, 1993
Senge; E. M.: Die fünfte Disziplin. Stuttgart, 1996
Watzlawick, Paul: Wie wirklich ist die Wirklichkeit. München, 1985

Stichwortverzeichnis

Aktivieren 25
Ankern 25
Arbeitsklima, kreativitätsfreundliches 107
Assoziation, freie 65
Atmosphäre, förderliche 29

Bauchatmen 26
Beamer 100 f.
Beratung, externe 122 f.
Bisoziation 80 f.
Blockade 16
Brainstorming 41 ff.; anonymes 45; destruktiv-konstruktives 46 f.; didaktisches 46; imaginäres 47 f.
Brainwriting Pool 55 f.

Clustering 56 ff.
Coaching 122
Cortex 11

Denkblockade 17, 24 ff., 116 f.

Einstellung, kreativitätsfördernde 19

FlipChart 97 ff.

Gähnen 31
Gehirn 10, primitives 10; Stamm- 10; rationales 11
Gehirnhälfte, dominierende 13, 24; linke 13; rechte 13
Gehirnhemisphäre 14
Gehirnintegration 23 f.
Gesetz der zwei Füße 87
Großgruppenverfahren 86

Herausforderung 31
Humor 30

Ideenpräsentation, überzeugende 94 ff.
Innovationsfähigkeit 15

Kaizen 110
Karten-Methode 54 f.
Kasten, morphologischer 68 f.
Kollektives Notizbuch 52 ff.
Kreativität 9; künstlerische 15; praktische 15
Kreativitätsinventur 27 f.
Kreativitätsprozess 33 ff.
Kreativitätstechnik, geeignete 38 f.
Kritiker 75

Limbisches System 10
Lösung, kreative 33

Marktplatz 88
Matrix,
morphologische 66 ff.
Mensch, kreativer 20 f.
Methode 6-3-5 49 f.;
kreative 40 ff.
Mind Map 60 ff.
Mind Mapping 60 ff.
Moderationsnadel 101
Morphologische Matrix 66 ff.
Morphologischer Kasten 68 f.

Notizbuch, kollektives 52 ff.

Open Space 85 ff.
Osborn-Checkliste 73
Osborn-Methode 72 ff.
Overhead-Projektor 96 f.

Phasen, kreative 34
Pinnwand 101 f.
Präsentation 94
Provokation 30
Prozess, kreativer 33 ff.

Qualitätszirkel 111 f.

Realist 75
Reizworttechnik 82 f.
Ritual, kreatives 91 f.

Sechs-Hüte nutzen 69 ff.
SMART-Formel 35
Stand-Punkt 29
Stress 12, 116 f.

Tageslichtprojektor 96 f.
Thymuspunkt 26
Träumer 75

Überzeugung,
hinderliche 17
Umkehr-Methode 71 f.
Unterbewusstsein 118
Unternehmenskreativität
104 ff.

Verbesserungsprozess, kontinuierlicher (KVP) 110
Verfahren,
gelenkt assoziatives 56
Visualisierung 79 f.
Vorschlagwesen,
betriebliches 109 f.

Wahrnehmung, offene 117 f.
Wahrnehmungsfilter 21
Walt-Disney-Methode 74 ff.
Wettbewerbsfaktor 104
Whiteboard 99 f.
Wissensmanagement 112 f.
Workshop 121
Wunderfrage 85

Ziel, überprüfbares 35 f.
Zielerreichungsprozess 36
Zukunftswerkstatt 83 f.
Zwischenhirn 10